Brunhild Börner-Kray

Wege zur Einweihung

Verlag PETER ERD · München

CIP-Titelaufnahme der Deutschen Bibliothek

Börner-Kray, Brunhild:
Wege zur Einweihung / Brunhild Börner-Kray. – München :
Erd, 1990
ISBN 3-8138-0188-8

2. Auflage
Umschlaggestaltung: Mary Lou Thomm
Lektorat: Hans Freundl

Herstellung: Presse-Druck Augsburg
Printed in West Germany
ISBN 3-8138-0188-8

Inhalt

Vorwort 7
Unser Weg, kosmischer und universeller denken zu lernen 9
Das Schöpfungsprinzip ist neutral 19
Gottesbewußtsein 24
Gott schuf den Menschen nach seinem Bilde 31
Ewige Glückseligkeit 38
Selig die Armen im Geiste 42
Was können wir tun, um geistig und körperlich zu gesunden? 46
Ist der geistige Weg zwangsläufig mit Askese verbunden? 53
Am Anfang des Weges stehen die kleinen alltäglichen Stolpersteine 61
Beharrlichkeit 66
Positives Denken – Was ist das? 69
Keine Wiederbelebung der Vergangenheit 74
Über Bequemlichkeit 77
Von der Wichtigkeit der Selbstanalyse 86
Toleranz 90
Über das Zusammenleben 95
Zen – Der Weg in die Wachsamkeit 100
Über Sensitivität und Sensibilität 110

Reflexionen 115
Einweihung heute 119
Die Natur als Lehrmeister 126
Der Meister 130
Schutz 131
Vom Wirken der Gesetze 132
Atem und Selbstkontrolle 134

Vorwort

Zuerst möchte ich dem Verlag Peter Erd danken für seinen Entschluß, mein Manuskript in drei Taschenbüchern herauszubringen. Sicherlich freuen sich darüber auch viele Leserinnen und Leser des Buches *Der geistige Weg zum Überleben*.

Es ist mir ein großes Bedürfnis, meiner Freundin Lore Ebel Dank zu sagen. Unsere langjährige Zusammenarbeit an den spirituellen Schriften war stets für mich eine wertvolle Hilfe in meinen Bemühungen, den intuitiv und inspirativ aufgenommenen Lektionen gerecht zu werden und sie in die rechte Form zu bringen.

Für mich stellte sich jetzt die Aufgabe, das Manuskript in drei Teile aufzuteilen, was mir nicht leicht gefallen ist, weil der Themenkreis als Ganzes zusammengehört. Daraus könnte sich ergeben, daß es manchem Leser etwas Mühe macht, hier und da einen sinnvollen Zusammenhang zu finden. In dem Fall wäre es von großem Nutzen, wenn er den Band *Der geistige Weg zum Überleben* zuerst genau lesen würde, um den fortlaufenden Übungsweg erkennen zu können. Einem Schüler des Geistes, der sich schon längere Zeit mit diesem Gedankengut befaßt, fällt es vermutlich leichter, das vorliegende Buch unabhängig von dem ersten zu lesen.

Von *Der geistige Weg zum Überleben* und den nun geplanten drei Taschenbüchern wird sich wahrscheinlich nur jener angesprochen fühlen, der um seine geistige Fortentwicklung bemüht und bereit ist, einen Übungsweg zu gehen, der ihm auch Disziplin abverlangt. Der Wahrheitssucher weiß, daß nur eine Bewußtseinswandlung der Menschheit die jetzige Situation unseres Planeten verändern kann. Der hier empfohlene und aufgezeichnete Weg ist der Weg des Menschen, seit er über die Erde wandelt. Jede Epoche muß ihre eigene Form und ihre eigene Sprache finden, um sich den immer veränderten Lebensverhältnissen und -umständen anzupassen.

Im »Knopfdruck-Zeitalter« übersieht man es allzugern, daß der spirituelle Weg immer noch ein Weg der Arbeit jedes einzelnen an sich selbst ist. Die vielen Verführungen auf diesem Gebiet, die heute in aller Kürze Bewußtseinswandlung und Erleuchtung zusammen mit vollkommener Gesundheit versprechen, gleichen Seifenblasen, die bald platzen. Denn ohne zielbewußte Arbeit an sich selbst bleibt doch alles – bei ehrlicher Betrachtung – beim alten. Erst wenn der Mensch sich auf die Suche nach seinem wahren, ewigen unsterblichen Wesen begeben hat, kann er sicher sein, den richtigen Weg eingeschlagen zu haben. Die Segnungen, die ihm dann wie reife Früchte zufallen, sind beglückend.

Die aufgezeichneten Meilensteine an diesem Weg müssen aber von jedem selbst abgeschritten werden, kein anderer kann ihm auch nur ein Stück davon abnehmen. So können auch diese Empfehlungen dem Leser nur als Wegweiser dienen.

Brunhild Börner-Kray

Unser Weg, kosmischer und universeller denken zu lernen

Unserer spirituellen Entwicklung wird in heutiger Zeit, da die Ära des Geistes angebrochen ist, eine große Chance geboten, weil das Wissen aus alten Traditionen, das bis vor wenigen Jahrzehnten nur vom Meister auf den Schüler übertragen wurde und deswegen auf kleine Gruppen beschränkt blieb, uns nun durch eine Fülle an Literatur zur Verfügung steht. Ebenfalls haben sich die Kommunikationsmöglichkeiten zwischen allen Kontinenten so ausgeweitet, daß wir dadurch auch mit den verschiedensten philosophischen und religiösen Systemen in Berührung kommen. Das ist gut so, weil wir dadurch aus der Enge unseres Denkens herausgeführt werden und den Thron des Alleinanspruches auf die Richtigkeit unserer Lehren verlassen müssen. Früher war der Mensch nur in sein eigenes System eingebunden, und es wurde ihm auch untersagt, andere kennenzulernen. Diese Begrenzungen sind durch das weltweit verzweigte Mediennetz zwangsläufig aufgehoben, so daß jedem Einblicke in andere Systeme möglich sind, die unser Interesse in Anspruch nehmen. Manche Seele wird angerührt und spürt, daß es noch viele Wahrheiten gibt, die uns bisher verborgen waren.

Gott in seiner unendlichen Liebe, Gerechtigkeit und Weisheit hat seine Wahrheiten in alle Systeme verteilt. Sie werden uns durch Studium zuteil und weiten unseren spirituellen Horizont, wenn wir nicht nur in den Bahnen einer geistigen Richtung denken. Der spirituell aufgeschlossene Mensch, der sich von den einengenden Dogmen befreit und von seiner geistigen Freiheit Gebrauch macht, die ja sein Geburtsrecht ist, hat auch von jenen Wahrheiten, die ihm andere Religionen und Systeme vermitteln, zu kosten bekommen, und dadurch spannt er den Bogen seines Denkens kosmischer, universeller aus, ohne die eigene Religion zu verlassen oder geringzuschätzen. Mit einem erweiterten Wissen kann er die eigene Religion noch tiefer verstehen lernen. Er fügt der seinen das hinzu, was ihr seinem Empfinden nach fehlt oder was vielleicht im Verlauf und Wechsel der Zeiten vom Ur-Christentum verlorengegangen ist.

Seine Weisheiten hat Gott sicher nicht absichtslos verstreut, weil er wußte, daß einmal die Zeit kommen würde, daß die Suche nach ihnen die Menschheit zueinander führen würde und durch das Aufeinander-Zugehen in gegenseitiger Wertschätzung und Toleranz ein Weg zu Frieden und Einheit gegeben sein könnte. Einen anderen Weg zum Weltfrieden gibt es wohl kaum, weder durch Abrüstungsverträge noch durch kluge Reden und politische Bestrebungen, weil diese nie frei von egoistischen Hintergründen und unüberbrückbaren Machtansprüchen sind. Rein weltliche Bestrebungen können kein Friedensreich herbeiführen. Das kann nur auf geistiger, spiritueller Basis geschehen, wenn alle starren religiösen Systeme umdenken lernen, was sicher schon schwer genug ist. Jedes einzelne System beschneidet die göttliche Vielfalt und zerstückelt sie. Nur alle zusammen, in gegenseitiger Anerkennung und Achtung, wären in der Lage, wieder eine *Einheit* zu bilden, gleichzeitig aber die göttliche Vielfalt in allen Facetten aufleuchten zu lassen.

Es geht um die Offenheit für das Universale, Kosmische, für das Ganze – ohne Untreue dem eigenen System gegenüber. Am leichtesten dürfte solch eine Korrektur gelingen, wenn wir, wie Christus es vorlebte und lehrte, alle Menschen als Kinder des einen Schöpfers und Vaters sehen und auch behandeln lernten, ohne Selbstüberschätzung, und Sein Ebenbild in jedem Menschen anerkennen würden. Das wäre die einzige Garantie für Frieden und Einheit.

Was könnte uns Gottes unvorstellbare Vielfalt sonst deutlicher vor Augen führen als die schillernde Verschiedenheit all Seiner Geschöpfe, die alle, ohne Ausnahme, unsere Brüder und Schwestern sind, die wir lieben müssen, wenn wir von Ihm erwarten, daß Er uns liebt. Das ist der Lernprozeß, den die Menschheit jetzt durchlaufen muß. Sicherlich wird er für jene schmerzhaft sein, die dies noch gar nicht begreifen wollen oder können. Die ersten hoffnungsvollen Schritte hierzu sind aber schon getan.

Das Aufschwingen zu dieser Weite und Universalität bringt es mit sich, daß wir einmal alle Bindungen zurücklassen müssen. Dann erst sind wir auf dem Wege, ein göttlicher Mensch zu werden, der wir von der Anlage her sind, da wir doch nach Seinem Bilde geschaffen wurden. Selbst wenn wir momentan davon auch noch weit entfernt sind, ist es dennoch nicht vermessen, solch eine Aussage zu machen. Ermunterte uns Jesus Christus nicht immer wieder dazu? Jesus Christus lebte in steter Verbindung mit Seinem Vater, folgte dem Gesetz seines Herzens, welches das Gesetz Gottes ist. In dieser stetigen Gottnähe vermochte er es, jene Wahrheiten zu lehren, die er durch den Vater erhielt, unverwässert, ohne daß sie durch den Filter einer dogmatischen Zensur geflossen waren. Seine Lehren waren klar und eindeutig, von keiner dazwischengeschalteten Institution durch menschliche Unzulänglichkeit verformt. Er folgte dem Impuls seines reinen, vollkommenen Herzens und heilte auch zum Beispiel am Sabbat gegen das strenge jüdische Gesetz, wenn menschliche Not es erforderlich machte. Die *Freiheit* seines Handelns in Verantwortung nur seinem Vater gegenüber zog ihm den Unwillen der Hohen Priester zu, die in Egozentrik und Machthunger verstrickt und gefangen waren.

Alles, worin auch wir noch verstrickt sind, verdunkelt unser Verständnis für allumfassende göttliche Wahrheit, die uns in der Kommunikation mit dem göttlichen Selbst in uns, dessen Gegenwart wir uns zu jeder Zeit bewußt sein sollten, stets zufließen würden. Diese Erkenntnisse, so lehrte es auch Jesus Christus, führen uns in jene Freiheit des Geistes, die alle Bindungen irgendwelcher Art irgendwann einmal auflöst und überflüssig macht. Das ist aber ein Entwicklungsprozeß, der nur langsam wächst. Eine gewaltsame und dadurch unausgereifte Loslösung aus einem Entwicklungsprozeß bringt keine Befreiung. Sie macht uns allenfalls ziel- und willenlos, wie einen Unmündigen, der plötzlich auf sich selbst gestellt ist. Er weiß mit seiner Freiheit nichts anzufangen und ist nicht einmal glücklich mit ihr.

Wenn der spirituelle Schüler von Beginn an sein Ziel, das die Verschmelzung mit dem Göttlichen ist – das Einswerden –, im Auge behält und ohne Umschweife darauf zugeht, von innerer Sehnsucht getrieben, verläuft seine Entwicklung kontinuierlich. Es verhält sich bei ihm wie bei einem Hund – dieses Bild sei hier erlaubt –, der seinen Herrn sucht und die Nase immer auf der Erde hält, um die Spur ja nicht zu verlieren, und alle Verlockungen außer acht läßt. Von nichts und niemandem läßt er sich davon ablenken, dieser Spur zu folgen. Wenn wir so unbeirrt auf dem Wege sein könnten wie dieser treue Hund, dürfte ich wohl nicht mißverstanden werden, wenn ich meine, daß wir einmal an dem Punkt ankommen, da wir alles, aber auch alles loslassen können, um das letzte Ziel zu erreichen, denn jede Bindung vereitelt das Finden des Ziels.

Wie wunderbar und heilsam wäre es für die gesamte Menschheit und ihre Entwicklung, wenn jede Religion, jede Systemform so verstanden und sie sich selbst auch so verstehen würde – nämlich, daß sie keine andere Aufgabe hat, als den Menschen ein Wegweiser zu sein, in ihnen die Sehnsucht nach dem letzten Ziel zu wecken, sie sozusagen »auf die Fährte zu setzen«, sie dann aber loszubinden und laufenzulassen. So ist höchstwahrscheinlich von Gott dem Vater die Aufgabe jeder Religion gedacht, so hat es auch Christus gelehrt, wenn wir seine Lehren richtig verstehen. Er hat uns immer wieder den Vater in seiner grenzenlosen Liebe »schmackhaft« zu machen versucht.

Die angebrochene Ära des Lichtes wird jedes Denk- oder Glaubenssystem, das diese Offenheit nicht hat, zu einer Korrektur zwingen, wenn es von Bestand sein und überleben will, sich nur als Vermittler zu sehen – so lange, wie der Mensch dieser Vermittlung bedarf. Es soll sozusagen die Funktion einer Durchgangsstation einnehmen, die das Tor für alle, die hereinkommen wollen, offenhält. Jede Religion, jede Philosophie soll ohne Umschweife den Sinn des menschlichen Lebens bewußt machen, die schlummernde Sehnsucht nach dem Ursprung, dem Vater, wecken. Diese Sehnsucht lebt in eines jeden Menschen Herz. Sie kann sich in den verschiedensten Formen des Lebens ausdrücken. Aber es gilt, diese Sehnsucht in die rechten Bahnen zu lenken. Die menschliche Seele wird nicht eher zur Ruhe kommen, als bis das Endziel erreicht ist. Manche Verirrungen im Menschen resultieren aus einer nicht erkannten, irregeleiteten Sehnsucht der Seele. Wenn diese Ursehnsucht in ihm voll bewußt wieder erwacht ist, dann ist es an der Zeit, daß er sozusagen durch die Hintertür entlassen wird, weil die Sehnsucht es ist, die die kleine Menschenseele nun unaufhaltsam weitertreibt; aber die letzte Wegstrecke muß sie allein zurücklegen, weil jede ganz individuell geprägt ist. Niemand kann ihr folgen, und ein begrenztes System wäre sogar ein Hindernis, da seine Dogmen, die für manchen eine Zeitlang nützlich sein können, immer wieder eine Behinderung zur Erreichung des letzten Zieles darstellen.

Ein Wort im Buddhismus sagt: »Wenn du Buddha triffst, dann töte ihn«, was nichts anderes ausdrücken will, als daß sich niemand an einen Menschen oder ein Lehrsystem binden soll.

Wohl in kaum einer anderen Philosophie wie der östlichen, finden wir derartig tiefsinnige Parabeln, die tiefe Weisheiten vermitteln, wenn man sie zu deuten weiß.

Wegen dieser letzten Wegstrecke gehen der Buddhist und der Hinduist in die Einsamkeit, wobei sie jede Bindung hinter sich lassen und völlig losgelöst und frei sind. Das können wir freilich nicht, aber das ist auch nicht unbedingt nötig, um das Endziel zu erreichen. Es ist sicher schwerer, inmitten des Alltags in innerer Einsamkeit und Losgelöstheit den Weg zu gehen, inmitten seiner Aufgaben, aber in der steten Kommunikation mit dem Vater, mit Gott.

Wenn die religiösen Systeme des Westens einmal ihre wahre Bedeutung und Aufgabe erkannt haben, wenn sie nicht mehr vorwiegend vermögensverwaltende Institutionen sind, sondern jeder einzelne Gläubige bereit ist, sich selbst von allem zu lösen und das unverfälschte Evangelium zu leben und zu lehren, wie es der 33-Tage-Papst Johannes-Paul I. anstrebte, würden sich die Menschen wieder ohne Vorbehalte den religiösen Lehren öffnen.

Mehr denn je sucht der Mensch eine Geborgenheit, eine Zuflucht, nachdem er in der vielversprechenden Materie nicht gefunden hat, was seine Sehnsucht stillen konnte. Daß es so ist, geht wohl eindeutig daraus hervor, daß viele, vor allem auch junge Menschen, sich anderweitig orientieren und in anderen Religionsformen Trost suchen, weil sie im eigenen System nicht die Erfüllung fanden und sich mit dogmatischen Aussagen nicht abfinden konnten. Was die starren Systeme – sollten sie vieles neu überdenken und sich umstellen – materiell einbüßten, würden sie an Ansehen und Glaubwürdigkeit gewinnen.

Gott will freie Menschen – Menschen und keine Sklaven. Er will auch, daß wir freiwillig zu ihm zurückfinden und nicht aus Angst vor angedrohter Strafe. Wenn wir die Worte Jesu, wie sie uns im Neuen Testament überliefert sind, frei und unvoreingenommen, ohne theologische Auslegungen auf uns wirken lassen, werden wir erkennen, daß sie uns eine wunderbare Wegweisung sein können, eine praktische Lebenshilfe, nach der jeder ehrlich Suchende ohne Zwang sein Leben gestalten kann. Er wird damit eine reiche Ernte einbringen, im geistig-seelischen wie im materiellen Bereich.

Man macht Christen öfter den Vorwurf, sie irrten vom »rechten Weg« ab, wenn sie sich mit anderen Systemen auseinandersetzen und sich dort orientieren. Sicher geschieht dies dem Drang der eigenen Seele nachgebend, die immer auf der Suche nach Wahrheit und göttlicher Weisheit ist, wenn sie in dem, was sie in Schule und Kirche als ihre wahre Religion dargestellt bekommen hat, nicht das findet, wonach sie sucht. Der suchende Mensch möchte sich vom Zwang der Dogmen befreien und selbst durch den Vergleich verschiedener Lehren und Philosophien zu größerer Klarheit kommen. Er hat vom Schöpfer einen freien Willen bekommen, der ihn antreibt, sich selbst seinen Weg zu suchen.

Jede Religion, jedes System, jede Philosophie hat Wesentliches zu bieten, was zum vertieften Verständnis unserer eigenen Lehre beitragen kann. Ein Mosaiksteinchen sollte zum anderen gefügt werden in Offenheit, so daß wir aus der Enge hinauswachsen in jene Freiheit, die uns so frei macht, wie Jesus Christus es lehrte.

Wenn allerdings Befürchtungen bestehen, daß es für Christen und für ihr Christ-Sein eine Gefahr bedeutet, sich mit anderem Gedankengut auseinanderzusetzen, so meine ich, dürften wir Christen weder das Fernsehen einschalten noch eine Tageszeitung oder Illustrierte aufblättern; denn was unsere Seele allein schon durch diese Medien aufnimmt, ist ganz sicher dem Christ-Sein weder förderlich noch seiner würdig. Mit wieviel Verbrechen, Bestechungsaffären, Falschheit, Lug und Trug wird der Christ dort aus seinen eigenen Reihen konfrontiert?

Wenn der Suchende sich hohen Idealen anderer Völker und Systeme öffnet, von ihnen inspiriert wird und daraus lernt, wird sich das nur positiv auf seine eigene Entwicklung auswirken; denn dort, wo das Herz von Ehrfurcht erfüllt und aufgerichtet wird, ganz gleich, welche himmlischen Kräfte ihm in Gleichnis und Ausdruck dargestellt werden, macht es einen Schritt zum Höheren hin; und einzig und allein darauf kommt es an. Das Höhere ist aber für jede Seele – gemäß ihrer Entwicklung – anders.

Die spirituelle Entwicklung kann und darf niemand in eine enge Form pressen wollen oder dort mit Dogmen einengen, wo die Seele sich dagegen sträubt, denn sie hat vom Schöpfer selbst die Willensfreiheit bekommen. Wann und auf welchem Wege sie die endgültige Befreiung erfährt, steht ihr ganz frei. Wenn der Schöpfer ihr diese *Freiheit* gab, wird er nicht danach fragen, in welchem System oder in welcher Religion sie sich jene Qualitäten erarbeitet und errungen hat, die sie in ein endgültiges Leben in einer himmlischen Welt führt.

Wenn Christus heute physisch unter uns wäre und seine Lehren verkündete, die den direkten Weg zum Vater aufzeichnen, mit der Aufforderung, ihm nachzufolgen in der Loslösung von den Verlockungen des Lebens, keine Reichtümer anzuhäufen, würde er zwar nicht gekreuzigt, weil dieser Strafvollzug nicht mehr üblich ist, aber er würde mit anderen, subtileren Mitteln verfolgt und bekämpft, und zwar auch wieder aus den eigenen Reihen – von jenen, die ihre Machtpositionen bedroht sähen und diese mit allen Mitteln verteidigten – genau wie vor zweitausend Jahren.

Das Schöpfungsprinzip ist neutral

»Gott ist Geist«, lesen wir im vierten Kapitel des Johannes-Evangeliums. Er ist das alleserhaltende, allesdurchdringende Schöpferprinzip, das Vater-Mutter-Prinzip, der Kosmische oder Göttliche Geist, der All-Geist. Welchen Namen wir dem Unnennbaren auch geben, so reicht er nicht an die Natur dessen heran, was Er ist. Die verschiedenen Rassen, Völker, Kulturen und Religionen belegen ihn mit Namen ihrer Sprache und ihres Verständnisses. Gott wurde Grundlage aller großen Religionen, und der Gedanke, daß der Mensch seine Beziehung zu ihm nur in einer Religion oder Kirche aufbauen kann, findet noch eine weite Verbreitung.

In heutiger Zeit, dem Äon geistigen Erwachens, gibt es jedoch schon viele Menschen, die sich vom Dogmatismus ihrer ererbten religiösen Institution befreit haben, weil ihnen die Grenzen zu eng gesteckt wurden, die der Entfaltung ihrer Seelenkräfte im Wege sind. Der Ablösungsprozeß wird von den kirchlichen Institutionen mit dem Stempel »gottlos« versehen.

Gott, das alleserhaltende Prinzip, der Schöpfergeist, dessen Wesen kein Mensch zu erfassen vermag, wird sein Wohlwollen seinen Geschöpfen gegenüber sicher nicht davon abhängig machen, ob sie sich innerhalb oder außerhalb einer religiösen Gemeinschaft oder Institution bewegen, um ihm näherzukommen. Allzu kleinlich und unlogisch dürfte es erscheinen, wenn sich Gott ihnen wegen dieser Entscheidung entziehen würde.

Gemäß dem freien Willen, den der Mensch vom All-Schöpfer bekam, möchte sich manche Seele in Freiheit individuell entwickeln und ohne dogmatische Bindung und Begrenzung den Weg in die All-Einheit, in den Schoß des Vaters einschlagen.

Eine derartige Entscheidung, wenn sie von der Seele gefordert wird, zeugt von geistiger Stabilität und Selbständigkeit, die noch nicht sehr viele Menschen aufweisen können. Diese selbständig Denkenden haben schon ein Teil jener Freiheit erlangt, von der Christus sagt, daß sie durch Erkenntnis der Wahrheit erreicht werden könne. Sie sind es, die ihre Seelenflügel ausgebreitet haben, die es ermöglichen, den beengenden und entwicklungshemmenden Boden zu verlassen. Sie haben sich zu einer universellen kosmischen Weite aufgeschwungen, die es zuläßt, zu einer höheren geistigen Freiheit emporzusteigen, weil sie nur durch Disziplinierung der äußeren Sinne, durch Studium der göttlichen und kosmischen Gesetze, durch ehrliche Arbeit an sich selbst und durch Selbsterkenntnis errungen werden kann.

Sicherlich ist der einfachere Weg jener, die Geborgenheit einer Institution in Anspruch zu nehmen, die dem Menschen teilweise auch das eigene Denken abnimmt.

Jeder Seele ist es aber freigestellt, *ihren* Weg zu finden und ihn auch zu gehen, der sie wieder in die *Einheit* mit dem Vater führt, denn jede Seele ist eine Individualität. Einzig und allein das Streben nach dem Ziel und die Höherentwicklung der Seele zählt.

Jesus Christus lehrte die Menschen, daß der Vater in ihnen sei. Das war damals neu, und die Priester fühlten sich übergangen als Vermittler zwischen Gott und den Menschen und fürchteten, ihre Macht über die Seelen zu verlieren und überflüssig zu werden. Wahrscheinlich ist es heute nicht wesentlich anders. Christus ist nur heilend und lehrend durch die Lande gezogen, ohne auch nur ein einziges Dogma zu verkünden. Er lebte vor, was er lehrte. Seine Lehre war das Evangelium der *Liebe*. Er hat sich auch nie ausschließlich an eine besondere Gruppe von Menschen gewandt.

Das alleserhaltende und allesbelebende Schöpfungsprinzip, welches *Gott* genannt wird, ist neutral und aller Wesen Schöpfer und Vater, weil alle Kraft Seiner universellen, kosmischen, unpersönlichen *Liebe* entspringt. Die Menschen haben ihn zu einem religiösen Idol erhoben und unerreichbar fern auf einen Thron gesetzt. Das Wort und der Begriff *Gott* hat dadurch einen rein theologischen, abstrakten Charakter bekommen, und es herrscht immer noch die irrige Meinung, jemand sei »gottlos«, wenn er sich außerhalb einer religiösen Gemeinschaft bewegt und seinen Weg zum »Vater im eigenen Selbst« sucht. Denn durch die Paulinischen Lehren gibt es in den kirchlichen Institutionen keine »Selbsterlösung«, sondern sie ist nur durch »Jesu Blut« und göttliche Gnade möglich.

Religionsgemeinschaften und kirchliche Institutionen sind nicht überflüssig. Sie sind sogar sehr wichtig. Denn wer seine *innere* geistige Heimat noch nicht gefunden hat, wie Christus es lehrte, kommt zum Frieden mit sich und in die Geborgenheit des Schöpfers und der Schöpfung durch die Gemeinschaft mit anderen in einer Kirche.

Der All-Geist, der Schöpfer-Geist und Vater, ganz gleich, wie das Unnennbare genannt wird, ist universeller, kosmischer Natur. Er ist das Vater-Mutter-Prinzip, an das keine menschliche Vorstellung, und sei sie noch so erhaben und groß, heranreicht. Darum hat es seine Berechtigung, wenn der Mensch sich kein Bildnis von ihm machen soll. Er ist die Kraft, die das ganze Universum belebt und erhält.

Dadurch, daß diese Kraft, Gott genannt, einem maskulinen Wesen zugeteilt wurde, trat es im Bewußtsein der Menschen aus seiner Neutralität und Universalität heraus und wurde Gegenstand rein lehrhaften und moralischen Denkens.

Wenn der Schöpfergeist in seiner Neutralität und Universalität belassen worden wäre als Ur-Kraft, als überall wirkendes Geist-Prinzip, gäbe es wohl kaum Menschen, die sich Atheisten nennen würden, und die Wissenschaft wäre wahrscheinlich Wege gegangen, die diese Kraft in all ihre Forschungen miteinbezogen hätte. So aber, durch die Abstraktion, das Fernrücken des Gottvater-Prinzips, geriet die Wissenschaft in eine Position der Selbstüberschätzung, der Opposition und konnte gegen die Naturgesetze arbeiten.

Die in jüngerer Zeit laut gewordenen Aussagen bedeutender Wissenschaftler geben aber Anlaß zu der Hoffnung, daß sich langsam ein neues, vom Geist geleitetes Weltbild Bahn bricht, das uns zu kosmischerem Denken führt, das die Realität einer uns unvorstellbar weisen Schöpferkraft, welche sie *Gott* nennen, anerkennt.

Würde diese Kraft sich uns entziehen, wäre unweigerlich die Auflösung der Schöpfung die Folge. Diese Kraft (Gott) ist allgegenwärtig und gibt jedem Wesen das Leben.

Max von Laue (1879–1960), deutscher Physiker, Nobelpreisträger 1914, sagte:

»Die Naturforscher wollten Gott von Angesicht zu Angesicht sehen. Da das nicht möglich war, beteuerte ihre exakte Wissenschaft, daß es ihn nicht gebe. Um wie vieles sind wir Naturforscher bescheidener geworden! Wir beugen uns in Demut vor dem Übergroßen, vor dem Übermächtigen, dem ewig Unsichtbaren, dem niemals Erfaßlichen.«

Gottesbewußtsein

In dem Maße, wie das Bewußtsein des Menschen sich weitet und er durch Bemühen, Lernen und Verwirklichung des geistig Erkannten zu höherer Einsicht und Weisheit gelangt, wandelt sich auch sein Gottesbegriff.

Es ist dem Menschen nicht möglich, Gott oder die reinen geistigen Sphären zu erklären. Dafür gibt es in der menschlichen Sprache keine Worte.

Der Mensch denkt im allgemeinen an Gott noch als ein geistiges Wesen, das außerhalb seiner selbst, weit über ihm existiert, unerreichbar. So wurde es in früheren Zeiten gelehrt. Durch Symbole ausgedrückt, wurde versucht, eine Verbindung zwischen Ihm und Seinen Geschöpfen herzustellen, einen Weg zwischen Himmel und Erde zu schaffen. Auch die geistige Hierarchie und ihre Mittler, seien sie unsichtbare Meister oder Engel, wurden personifiziert. In den meisten Fällen wurde ihnen in der christlichen Welt ein männlicher Name gegeben, wodurch sie dann in einer sehr menschlichen Vorstellung im Bewußtsein der Gläubigen lebten und angebetet werden konnten.

In vorchristlicher Zeit glaubten die Menschen an die Existenz von Göttern und Göttinnen, die nichts anderes als verschiedene Aspekte der einen alleserhaltenden

Macht und Intelligenz darstellten; als sich ähnelnde Symbole sind sie in allen Kulturen und Völkern zu finden. Jede Kultur, sogar jedes Volk oder jeder Stamm belegte denselben göttlichen Aspekt nur mit einem anderen Namen.

Die Vorstellungskraft der Menschen wurde also mit den Mitteln erfaßt, die sie verstanden, die sie anrührten und aufwärts führten. Bildnisse, Statuen und Tempel waren die Transformatoren für den einen reinen Geist. Symbole und bildliche Darstellungen waren der einzige Zugang zu einer höheren Macht für die Masse der Menschen, nur den Juden waren Abbilder verboten.

Dann kam Jesus Christus, aus der jüdischen Welt hervorgegangen,und brachte den Menschen die Lehre von dem namenlosen Gott, vom Vater-Mutter-Gott, den er auch schlicht *Vater* nannte, welcher *in ihnen* wohnte und nicht an einem entfernten Ort. Die ersten Christen wurden reif, ohne Tempel, Bildnisse und Symbole den unbekannten Gott in sich zu finden. Sie entfernten alle bildhaften Vorstellungen aus ihrem Bewußtsein und bemühten sich, diesem unbekannten, unsichtbaren, allgegenwärtigen Gott zu huldigen und ihn *in sich zu erfahren*.

Der Apostel Paulus schrieb an die Römer: »Wißt ihr nicht, daß ihr Gottes Kinder seid und der Geist Gottes in euch wohnt?«

Später, als die Zahl der Christen zunahm, wurde der Unsichtbare, nicht Greifbare wieder durch sichtbare Symbole dargestellt. Auch ihm wurden prunkvolle Tempel und Kirchen gebaut und Bildnisse errichtet, um ihn für das menschliche Gemüt und Bewußtsein begreiflich zu machen. In diesen sakralen Kunstwerken drückten große Künstler ihre Vorstellungen von den tiefsten

Glaubensgeheimnissen aus und machten sie so den Menschen verständlich.

Nun, mit zunehmender Bewußtseinserweiterung schwindet allmählich wieder das Bild einer personifizierten Gottheit in Form eines männlichen Wesens aus der Vorstellung der Gläubigen.

In der neuen geistigen Ära wird die Menschheit langsam zu einem entpersonifizierten Gottesbegriff heranwachsen. Dieser Entwicklungsprozeß kann nur allmählich vor sich gehen, und niemand kann die Menschen lehren, welch einen Gottesbegriff sie in sich tragen sollen. In jedem lebt der Gott, den er begreift, aber je vollkommener und entwickelter ein Mensch ist, desto näher kommt seine Vorstellung dem Wesen Gottes.

Im vierten Kapitel des Johannes-Evangeliums Vers 23 und 24 erklärt Jesus der Frau in Sichar, wie Gott künftig angebetet werden solle: »...die wahrhaftigen Anbeter werden den Vater anbeten im Geist und in der Wahrheit; ...Gott ist Geist...« Diese Aussage zeigt unmißverständlich, daß jene unerforschliche waltende Kraft und Intelligenz auch keinem Geschlecht zugeordnet werden kann. Dieses tritt erst hier auf Erden in der Polarität in Erscheinung. Darin zeigt sich, daß die materielle Welt »aus der Einheit gefallen« ist. Geschlechtlichkeit drückt sich nur durch den physischen Körper aus, die Seele ist geschlechtslos. Wir sind nach dem geistigen Bilde Gottes geschaffene Wesen, der Ewigkeit zugehörig, aber in der materiellen Schöpfung ebenso zu Hause. Deshalb sollten wir uns bemühen, die Geschlechtszugehörigkeit weder auf Gott noch auf die Hierarchie mit ihren Engeln, Heiligen, Meistern usw., noch auf alle Wesen zu übertragen, die in der feinstofflichen Welt leben. Geschlechtlichkeit ist in der rein geistigen Welt nicht existent. Sie hat dort keinerlei Funktion und Aufgabe und ist überflüssig. Gott, alle Heiligen und Meister sowie all jene, die in der geistigen Welt leben, die uns schon vorausgegangen sind, sind frei von aller Geschlechtlichkeit. Es ist aber wahrscheinlich, daß Wesen, die sich in einer niederen Astralebene befinden, in ihrem Bewußtsein noch starke geschlechtliche Bezüge aufweisen, besonders dann, wenn sie auf Erden von sexuellen Trieben beherrscht wurden, auch wenn im nichtmateriellen Zustand die physischen Merkmale nicht mehr vorhanden sind.

Mit der Höherentwicklung eines Wesens schwinden diese Vorstellungen, Gefühle und Begierden, die in astralen Ebenen noch vorhanden sein können. Zwischen Astral- und den rein geistigen Ebenen bestehen gewaltige Unterschiede. Jedes Wesen soll aber einmal reif und würdig für diese hohen Sphären werden. (Ich und der Vater sind eins.)

Bei diesen Gedanken über das Gottesbewußtsein ist sicher auch eine Aufklärung in Kürze über die Götter und Göttinnen des Altertums angebracht. Sie stellen Naturkräfte dar, verschiedene Aspekte der kosmischen Energie. Die Naturkräfte und Elementarprinzipien wurden von den Alten und Weisen personifiziert, um die Attribute der Prinzipien dem menschlichen Verständnis näherzubringen. Die alten Griechen und Römer glaubten nicht alle, daß Pluto, Zeus, Demeter, Neptun usw. Persönlichkeiten waren, die wirklich existiert haben. Nur der Unwissende betete sie als vermenschlichte Götter an. *Die Götter waren nur Personifikationen und Symbole bestimmter Naturkräfte.*

Das gleiche Prinzip läßt sich auf Menschen anwenden.

Die äußere Form ist nicht der wirkliche Mensch, sondern ein Symbol, eine Verkörperung seiner Eigenschaften, seines Charakters. Er ist in eine stoffliche Form gekleidet, in der die Gedanken, Gefühle und Taten ihren äußeren Ausdruck gefunden haben. So sehen und sahen die Weisen und Adepten den Menschen.

Von Unwissenden wird irrtümlich die äußere Erscheinung für die einzige Wahrheit gehalten.

Die materialistische Religion ist es, die den universellen kosmischen Weltgeist in ein beschränktes Wesen herabzieht und aus den Naturkräften persönliche Götter gemacht hat.

Die Gotteserkenntnis ist mit dem inneren Wachstum verknüpft, und je mehr dieses universell und kosmisch ausgerichtet ist, desto mehr gewinnt es an Weite und kommt dem Unpersönlichen, Nichtgreifbaren, nur Erfahrbaren näher. Sobald das Wesenhafte aber in eine Form, in ein Symbol, in eine bildhafte Vorstellung gebracht wird, wird es in seiner Geistigkeit gemindert.

Eine der wohl schönsten Formulierungen zum Gottesbewußtseinsgedanken begegnete mir in dem Buch »Apollonius von Tyana«. Dort wird gesagt: »Nur den Bedürftigen sind die Tempel und Götterbilder errichtet, nur ihnen, damit sie im Erkennbaren das Unerkennbare ahnen.«

Apollonius war ein Eingeweihter, ein Weiser und Seher, ein Pythagoräer. Sein Geist und sein Bewußtsein atmeten kosmische Weite. Sie vermittelte ihm eine allumfassende Schau auch in zukünftiges Geschehen.

An einer anderen Stelle in dem erwähnten Buch sagt er: »Das Höchste Wesen ist ohne Leib. Um es zu erkennen, müssen wir aufhören, in Körpern zu denken. Wir müssen uns verwandeln in das, was jenseits ist. Der Weg zu diesem höchsten Ziel ist weit und kann durch Tausende von Inkarnationen führen. Aber alle Stationen, die der Mensch durchläuft, alle Versuche, Gott im Symbol des Leibes zu schauen, sollen uns heilig sein. Duldung jeder Form des Glaubens, sofern er den geistigen Weg beschritten hat, ist das innerste Gebot.«

Apollonius lebte im 1. Jahrhundert unserer Zeitrechnung, als die Jünger Jesu verfolgt wurden. Auf Patmos begegnete er dem dorthin verbannten Evangelisten Johannes und führte tiefgehende Gespräche mit ihm.

Die frühen Christen hatten keine Kirchen und Tempel, keine Bildnisse von Gott, keine körperlichen Vorstellungen. Sie lebten nach dem alten israelitischen Gebot, sich von Gott kein Bildnis zu machen. »Der Vater ist in euch«, hatte Jesus Christus gelehrt, und danach richteten sich die Apostel und die ersten Gemeinden. In einer Schauung in dem angeführten Buch sagte Apollonius zu Johannes: »Auch die Christen werden der Gleichnisse bedürfen, um des Unnennbaren Sinn zu fassen. Auch die Christen werden später in Tempeln beten, die groß und prunkvoll sein werden wie die Tempel der Griechen und Römer, wie die Tempel der Asiaten und Ägypter. Und in die Tempel werden sie Bildnisse stellen und Reliquien und heilige Gegenstände anstelle des unsichtbaren Gottes, den sie nicht begreifen. Auch sie werden den Unsichtbaren in ihren Herzen durch sichtbare Gleichnisse vor ihren Augen verbildlichen.«*

Im neuen geistigen Äon wird sich die Menschheit aber so weit entwickeln, daß sie den Geist Gottes *in sich*

* vgl. Maria Schneider, Appolonius von Tyana, Ergolding 1980

erkennt, so daß diesem dann dadurch die Möglichkeit zu kraftvollem Wirken gegeben wird. Alle bildlichen Vorstellungen, Namen und anderen Ausdrucksformen für Wesen der rein geistigen Welt werden sich im Bewußtsein der Menschen auflösen, und es wird die Zeit kommen, da Himmel und Erde bewußt einander begegnen und der Geist Gottes in das menschliche Bewußtsein *unmittelbar* einfließen kann, so daß es keiner Transformation mehr bedarf. Durch die Möglichkeit des direkten Einfließens des Geistes Gottes wird der Mensch nach und nach ein auf göttlicher Ebene bewußtes Wesen. Das ist der Wunsch des Schöpfers für seine Geschöpfe.

Wenn die Menschheit den Unpersönlichen, Unbekannten, Nichterfaßbaren *in sich selbst und überall wirkend erkennt und erfährt,* hat sie einen gewaltigen Schritt dem Licht entgegen getan.

Gott schuf den Menschen nach seinem Bilde

Dieses Bibelwort ist uns bekannt, weniger dagegen vielleicht die Konsequenz, die sich bei tieferem Nachsinnen über diese Aussage für jeden von uns als Sein Geschöpf daraus ergibt.

Ich möchte diesem Wort etwas nachspüren und zunächst diese Gedanken in das physische Dasein übertragen, um später den Bogen auf unsere unsterbliche Existenz zu erweitern.

Dem denkenden Menschen ist es sicher verständlich, daß der Zeugungsakt keine unsterbliche Seele erschaffen kann. Sie wird nach einem göttlichen Gesetz der physischen Form hinzugefügt, wodurch diese erst Leben erhält. Um einer Seele erneut eine Möglichkeit zu geben, sich hier auf Erden inkarnieren zu können, damit sie wieder einen Schritt der Vollendung entgegengehen kann, bedarf es eines physischen Körpers. Aber wohl in den seltensten Fällen übernimmt ein Menschenpaar bewußt die große Verantwortung dafür mit dem nur physisch verstandenen Zeugungsakt.

Meist handelt der Mensch, wenn es um die Zeugung geht, in Unwissenheit; er denkt nicht einmal an die Kette der materiellen Folgen, die er durch diesen Akt auslöst. Vielen ist das kosmische Gesetz unbekannt, welches dem Eintauchen einer Seele in die physische Form zugrunde liegt, und sehr häufig sind allein Sinnenbefriedigung, Begierden, unkontrollierte Süchte und falsche Vorstellungen der Anlaß dazu.

Es wäre notwendig, daß die Menschen über den Sinn einer Zeugung zum Nachdenken gebracht würden, daß sie den göttlichen Wahrheiten nachspürten und sich über die Gesetzmäßigkeiten klarwürden; denn in dem ganzen Schöpfungsgeschehen unterliegt nichts dem Zufall, vielmehr liegen weise Gesetze jeglichem Vorgang zugrunde, nach denen sich alles ausrichtet. Diese Aufklärung wäre schon deshalb eine Notwendigkeit, um die vielen Probleme, Schwierigkeiten und Nöte zu verstehen, die eine Folge der falschen Anschauungen und der Unwissenheit sind. Hier liegen für die Medizin und andere wissenschaftliche Disziplinen wie für die religiösen Institutionen große Aufgaben.

Eine verständliche Aufklärung über den Sinn des Daseins wäre allerdings nur dann gegeben, wenn das Gesetz der Reinkarnation, der Wiederverkörperung, wieder anerkannt und gelehrt würde, wie dies von der Geistes-Philosophie und einigen Weltreligionen getan wird. Auch im frühen Christentum war es bis zum Konzil im Jahre 553 zu Konstantinopel verankert. Auf den Reinkarnationsgedanken möchte ich hier nicht näher eingehen, da es eine Fülle an Literatur darüber gibt und ich auch voraussetze, daß ein Schüler des Geistes sich damit auseinandergesetzt hat. Es gibt auch genügend neue Bücher über wissenschaftliche Versuchsreihen, die beweisen, daß die menschliche Individualität (Seele) manche Existenzen durchlaufen hat und weiter durchlaufen wird.

An dieser Stelle sollen lediglich einige Gedanken über die Konsequenzen, die sich aus einem Zeugungsakt ergeben, geäußert werden, sei er bewußt oder leichtfertig vollzogen, und in welch einer Beziehung er zum langen Entwicklungsweg jeder Seele steht.

Bei verantwortungsbewußten und wohlunterrichteten Menschen wird mit der Zeugung schon ein unsichtbares Band zu jenem Wesen geknüpft, welches nun Tag für Tag im Verborgenen wohlbehütet heranwächst und nach Ausreifung dann physisch durch die Geburt in die Offenbarung kommt als ein Schöpfungswunder, als Abbild Gottes. Selbst bei einer unerwünschten Zeugung ist dieses Band latent vorhanden, auch wenn keine Freude auf das zu erwartende Kind empfunden wird.

Je näher der Zeitpunkt einer Geburt heranrückt, desto stärker wird dieses Band zu dem neuen Wesen – was zu verstehen ist, wenn die neuesten wissenschaftlichen Erkenntnisse allgemein bekannt werden, die ergeben, daß sich dem heranwachsenden Embryo schon im Mutterleib alle Erlebnisse einprägen. Alles, was die Mutter denkt, fühlt, spricht, wird vom Bewußtsein des Embryos aufgenommen. Ja, sogar das Sperma soll Bewußtsein haben, wie wissenschaftliche Experimente gezeigt haben. Bei vielen Versuchspersonen sind bei Versuchsreihen Traumata aus früheren Existenzen in die Bewußtheit gekommen, die in verschiedenen früheren Leben entstanden waren.

Es handelt sich hier um ernsthafte wissenschaftliche Forschungen eines begabten Wissenschaftlers, Alexander Grof mit seinem Team, der etwa zweitausend Fälle von Rückerinnerungen mit Hilfe von anderen Experten nachprüfen konnte. Ich möchte dies nur streifen, da diese Erklärungen zum Verständnis meiner Ausführungen beitragen. All jene Rückerinnerungen, welche *eine* Seele erfahren hat, die immer wieder in eine neue physische Form ins Leben kam, sagten aus, daß sie die verschiedensten Rassen, Religionen, Kulturen durchlaufen hatte und daß das *eine* Bewußtsein die Fülle von Erfahrungen und Erinnerungen in sich trägt. Demnach dürfen wir mit Recht annehmen, daß auch in uns Erfahrungen und Erinnerungen aus all unseren Präexistenzen gespeichert sind. Wir sind aber noch nicht sensibel genug, um uns dieser Fülle in unserem Tagesbewußtsein erinnern zu können. Für den Weg unserer Entwicklung ist aber vorauszusehen, daß mit zunehmender Selbstverwirklichung und wachsender Bewußtseinserweiterung der Anschluß an ein integrales Bewußtsein – da ja alles im Universum zueinander in Beziehung steht – vollzogen wird, denn nichts geht verloren.

Wenn unser Bewußtsein alle Begebenheiten aus dem augenblicklichen Leben speichert und nichts ausgelöscht wird, auch wenn wir uns oft nicht erinnern, haftet es tief im Unterbewußtsein. Ebenso gilt das, wie die experimentellen Ergebnisse zeigen, dann logischerweise auch für alle Erfahrungen früherer Existenzen, denn es ist immer das *eine* Bewußtsein, das alles aufnimmt und speichert. Wenn wir dann bedenken, daß wir alle Erfahrungen der verschiedenen Kulturen in uns tragen, kann uns die Fülle überwältigen. Vermögen wir es schließlich, den Bogen so weit zu spannen, so kann unsere Seele, unser Bewußtsein ermessen, daß sie auch nicht unbeteiligt daran ist, warum wir heute diese Eltern haben, warum wir in diesem Land inkarnierten und *dieses* Schicksal zu tragen haben.

Ob nun das Verhältnis zwischen Eltern und Kind ein harmonisches oder ein weniger harmonisches ist, so bleibt doch das geistige Band bestehen, auch dann, wenn es zum Beispiel zu einem äußeren Bruch zwischen ihnen gekommen ist. Ein Auslöschen und völliges Vergessen der physischen Herkunft gibt es nicht, denn eine Verbindung auf mentaler Ebene überdauert alles.

Wie das innere Band zwischen Eltern und Kindern bestehen bleibt in dieser Existenz, ebenso verhält es sich – wenn wir jetzt den Bogen noch weiter spannen – bis zu der Beziehung zu unserem göttlichen Ursprung.

Wenn unser Bewußtsein also alle Erfahrungen aufbewahrt hat, dann muß logischerweise auch die Erinnerung an unsere göttliche Herkunft gegeben sein, dann ist dieses Band ebenfalls unzerreißbar. Mag die Erinnerung auch auf dem tiefsten Grund unserer Seele ruhen und durch die vielen Erlebnisse der vielen Leben zugeschüttet sein, so muß es doch Möglichkeiten geben, sie zu wecken. In dieser Beziehung dürfte uns der fernöstliche Mensch ein großes Vorbild sein, denn er ist viel zielstrebiger bemüht, seinen Urgrund wieder in Erfahrung zu bringen, die Verbindung mit seinem höheren Selbst, mit dem göttlichen Grund in sich wieder zu gewinnen, eine Kommunikation wieder herzustellen. Dazu entwikkelte er Methoden und geistige Übungen und vertritt die Ansicht, daß der Mensch dies nur durch Versenkung, Meditation und Gebet erreichen könne, durch unablässiges und stetes Bemühen, durch Loslösung von allen weltlichen Freuden und der Befriedigung der äußeren Sinne.

Ein jeder wird sicher hier und da von einer unbestimmten Sehnsucht erfaßt, oft von einer inneren Unruhe und Unzufriedenheit, ohne die Ursache ergründen zu können. Könnten diese Symptome der Ausdruck der Sehnsucht der Seele nach ihrem Ursprung, nach Gott, sein? Könnten sie eine schemenhaft auftauchende Erinnerung aus dem Urgrund bedeuten, die der Mensch dann ins physische Leben überträgt, in die Sehnsucht nach einer Partnerschaft? Ist diese übertragene Liebe zu einem Menschen vielleicht eine unerkannte Sehnsucht und Liebe zu Gott dem Schöpfer? Trotz der scheinbar gefundenen Erfüllung beginnt irgendwann im Leben das Fragen, Suchen und Sehnen erneut und tritt in den Vordergrund bei einem geistig erwachenden Menschen. Irgendwann fordert die Frage nach dem Sinn des Lebens mit Vehemenz eine Antwort, und dann ist die Zeit gekommen, da die Menschenseele sich erneut auf die Suche begibt. Das ist nun keine Suche mehr, die sich im Äußeren verliert, sondern sie geht in die Tiefen des Seins, denn dorthin hat sie das große Ahnen und Sehnen geführt. Wie das unsichtbare Band zu den physischen Eltern besteht – wie könnte es anders sein –, so besteht auch das Band, das uns mit Gott, unserem Ursprung verbindet.

Je stärker das Sehnen zum Ausdruck kommt, desto machtvoller wird das Band, das uns zu den tiefsten Tiefen des Seins hinzieht. Und je tiefer der Mensch seinem Urgrund nachforscht, desto mehr verlieren die Verlokkungen und äußeren Freuden der Welt ihren Reiz.

Mit dem Stempel Gottes, welcher Sein Abbild trägt, hat Er die menschliche Seele in die Welt der Materie entlassen, weil sie sich so entschieden hat, aber Er hat das

Nichtvergessen und die Erinnerung an Ihn in sie hineingelegt als *Lichtfunken*,den niemand auslöschen kann. Wie im Physischen die Eltern-Kind-Beziehung dem Bewußtsein eingeprägt ist, ebenso ist die Seelenbeziehung zum Schöpfer unauslöschbar eingeprägt. Die Unruhe, das Fragen, Sehnen und Suchen wird erst dann gestillt, wenn die Seele in die einst verlassene Heimat zurückgekehrt ist. Dann erst findet sie Frieden, Erfüllung und Harmonie.

Mystiker und Heilige und die von Gottes-Sehnsucht erfüllten Weisen des fernen Ostens wie des Westens sind uns Wegweiser und Vorbilder darin, daß die Suche nach Einswerdung mit dem göttlichen Ursprung schon hier auf Erden Erfüllung finden kann. Wer alles daransetzt, dieses Ziel zu erreichen und in der Suche unbeirrbar ist, wird dahin kommen. Mögen die Wege in ihren Ausgangspunkten auch verschieden sein, das Ziel zieht sie alle an, und dann sind die Ausgangspunkte völlig ohne Bedeutung. Die Erfüllung heißt: Erleuchtung, kosmisches Bewußtsein, Satori, Nirvana, Samadhi. Das sind nur verschiedene Artikulationen der verschiedenen Kulturen, Religionsformen und Systeme für ein und denselben Seinszustand. Diesen Zustand drückte Jesus Christus in folgenden Worten aus: »Ich und der Vater sind eins.«

Buddha sagte, die Erleuchtung sei der Normalzustand des Menschen, den er nur vergessen habe.

Ewige Glückseligkeit

Des Menschen Sehnsucht ist es, Frieden, Glück, Gesundheit und Harmonie zu erlangen. Alle großen Religionen sind Verkünder der ewigen Glückseligkeit nach einem »Gott wohlgefälligen« Leben auf dieser Erde. Kein Mensch kann sich wohl eine Vorstellung von einer ewigen Glückseligkeit machen, und es gibt sogar Stimmen, die diesen Zustand nicht einmal für erstrebenswert erachten. Aus unserer augenblicklichen Sicht ist das sogar verständlich. Wer könnte zum Beispiel auch schon einen dauernden Urlaub ertragen. Wie unglücklich und unzufrieden Menschen oft sind, die im materiellen Überfluß leben, die sich jeden Wunsch erfüllen können und keine Aufgabe haben, zeigen uns die Medien fast täglich.

Mit der verkündeten und versprochenen ewigen Glückseligkeit muß es wohl eine besondere Bewandtnis haben, anders als jene, wie sie allgemein und sehr oberflächlich verstanden wird. Die heutige Art, eine Form von Glückseligkeit in unserem begrenzten, unvollkommenen Bewußtsein zu erlangen, bringt vielfach nicht gewollte, katastrophale Auswirkungen mit sich, weil die Menschheit in ihrer augenblicklichen Entwicklung mit einem solchen Zustand des Seins noch nicht umgehen kann. Solange der Mensch noch nicht in der Liebe und Vollkommenheit lebt, ist der Zustand der wahren Glückseligkeit auch nicht erreichbar.

Glückseligkeit, um bei dem Ausdruck zu bleiben, ist ein Bewußtseinszustand, der durch Vervollkommnung erreicht wird im Laufe vieler Leben, denn die vielen guten und bösen Erfahrungen auf diesem langen Weg ermöglichen es dem Menschen, über die Verkettungen und Verflechtungen hinauszuwachsen durch Erkenntnis und Arbeit an sich selbst. Erst mit wachsender Vollkommenheit, die ihn in einen Zustand der Harmonie führt, erfährt sein Bewußtsein eine Weitung, und aus dieser Weite heraus wächst das Verständnis für höhere Daseinsformen.

Durch die geistig verwirrten Zustände auf unserer Erde auf allen Ebenen erwacht die schlummernde Sehnsucht nach *Harmonie* und *Frieden* im Menschen. Daß sie nur durch Einfügen in die göttlichen Ordnungsprinzipien und durch Erkennen und Beachtung der geistigen und kosmischen Gesetze erworben wird, ist manchen noch nicht bekannt. Für jene, welche die Ordnungsprinzipien und kosmischen Gesetze mißachten, ist sie deshalb nicht erreichbar.

Mit zunehmender Vervollkommnung gleitet der Mensch in eine höhere Schwingungsebene, die mit der auf der Erde nicht vergleichbar ist, und durch sie nähert er sich der göttlichen Harmonie und der ewigen Glückseligkeit. Hier besteht eine Wechselwirkung: Glückseligkeit ist ein Zustand der Harmonie, welche wiederum in einem hohen Bewußtseinsgrad begründet liegt.

Solange der Mensch in der Zerrissenheit zwischen seiner inneren und der äußeren Welt lebt und mit Fehlern und Schwächen belastet ist, bleibt ihm der Begriff der ewigen Glückseligkeit noch ein Buch mit sieben Siegeln und ist seinem begrenzten Verständnis nicht zugänglich.

Ewige Glückseligkeit bedeutet also nichts anderes als: in göttlicher Liebe und Harmonie zu leben.

Die Vorstellung von ewiger Glückseligkeit wird von einem beschränkten Bewußtsein häufig mit Nichtstun und vielleicht sogar ständigem Hosianna-Singen in Verbindung gebracht. Das aber wäre für ein höher strebendes Wesen kein befriedigender Zustand.

Daß die Entwicklung (Werdet vollkommen...) auf jeder Ebene einer außerkörperlichen Existenz weitergeht, wenn wir uns dafür entscheiden – denn auch hier gilt das Gesetz der Willensfreiheit und irgendwann kommt für jeden der Zeitpunkt dazu –, müßte eigentlich allen bewußt sein oder bewußt gemacht werden, vor allem, weil es logisch ist. Selbst in jenen hohen Regionen, wo sich die Seelen schon die Fähigkeit der Gottesliebe und Harmonie erworben haben, gibt es, wie in den gesamten körperlichen und geistigen Welten, keinen Müßiggang.

Die »ewige Ruhe«, die uns von den christlichen Kirchen vorhergesagt wird, wäre ebenfalls nicht befriedigend, denn der größte Faulpelz könnte das auf die Dauer nicht aushalten. Ja, nicht einmal die körperliche Hülle »ruht« nach dem Tod in der Erde, sondern nimmt an dem bewegten Vorgang des Vergehens und Neuwerdens teil.

Der denkende Mensch hat sich auf einen Weg des Fragens und Forschens begeben, weil er die alten Vorstellungen nicht mehr akzeptieren kann. Er beginnt, seinen ihm von Gott gegebenen Verstand zu benutzen, wozu der Schöpfer ihm auch die Mittel und das Recht verliehen hat, und dadurch wird er zum Durchdenken und Überprüfen übernommener Begriffe veranlaßt, was für seine geistig-seelische Entwicklung notwendig ist.

Selig die Armen im Geiste

Manche Bibelstellen, die es uns auch bei genauer Übersetzung schwer machen, sie zu akzeptieren und zu verstehen, geben Anlaß einen Sinn zu erfinden.

Die erste Seligpreisung aus der Bergpredigt (Matth. 5), »Selig die Armen im Geiste, denn ihrer ist das Himmelreich«, gehört zu diesen für uns unverständlichen Stellen und ist zum Anlaß der verschiedensten Auslegungen geworden. Sind tatsächlich damit jene Menschen gemeint, die in geistiger Armut leben? Oder sind damit jene gemeint, die in einer religiösen Beschränktheit leben?

Alle anderen Seligpreisungen dagegen sind für uns leicht verständlich und haben eine klare Form. Im Laufe der Zeit haben sich aber die verschiedensten Auslegungen der ersten Seligpreisung herauskristallisiert, und es hat den Anschein, als ob immer noch neue Versionen hinzukommen sollten.

Bei klarer Überlegung dürfte es doch wohl sehr anzuzweifeln sein, daß hier tatsächlich die geistig Zurückgebliebenen, die unfähig sind zu denken, oder die religiös Unbelehrten gemeint sind. Demnach wäre sie zwar ein Trost für Einfältige und Naive und geistig oder intellektuell Zurückgebliebene. Sicherlich wäre das aber eigentlich nicht erwähnenswert.

Alle Spekulationen um diese erste Seligpreisung waren von dem Augenblick an hinfällig, als die Schrift-Rollen vom Toten Meer bei Qumran gefunden worden waren, denn sie gaben den wahren Sinn wieder.

Die anerkannten und bekannten Evangelien wurden *nach* Jesu Leben rekonstruiert und geschrieben, zudem bis in die heutige Zeit noch vielfach übersetzt in die verschiedensten Sprachen, wodurch sich Übertragungs- und Sinnunterschiede ergeben haben.

Die Rollen vom Toten Meer dagegen sind Originale und stammen aus einer Zeit vor Jesus Christus, die von den sogenannten Essenern, einer religiösen Sekte, die in der Wüste zurückgezogen lebte, niedergeschrieben wurden. Offensichtlich, so wurde festgestellt, decken sich die Lehren dieser Gemeinschaft zum größten Teil mit denen von Jesus, und es ist anzunehmen – vieles weist darauf hin –, daß er dieser Sekte angehörte, deren Lehren den Hohen Priestern ein Dorn im Auge waren. Wie man diese Gemeinschaft damals verfolgte, ebenso geschah es ja auch mit Jesus Christus. Die Anhänger dieser Gemeinschaft trugen weiße lange Leinenkleider, wie es von Jesus und seinen Jüngern auch bekannt ist.

Die Auskunft, die uns die Rollen vom Toten Meer geben, was in unserem Falle die erste Seligpreisung anbelangt, lautet anders. Hier wird uns der Begriff »Anije Haruach« vermittelt, der »um des Geistes willen arm Gebliebene« heißt. Andere Gleichnisse, die Jesus an verschiedenen Orten und Stellen den Menschen gab, stehen alle in Übereinstimmung mit dem Begriff aus den Rollen von Qumran, so zum Beispiel »Was hülfe es dem Menschen, wenn er die ganze Welt gewönne, und nähme doch Schaden an seiner Seele« (Matth. 16, 26).

»Eher geht ein Seil durch ein Nadelöhr als ein Reicher in das Himmelreich« (Matth. 19, 24). Wir kennen den Ausspruch: »Eher geht ein Kamel durch das Nadelöhr...« Nach den Qumran Rollen heißt es aber: »Eher geht ein Seil durch das Nadelöhr«, was sicher verständlicher ist. Weiter sagte Jesus: »Sammelt keine Schätze, die Rost und Motten fressen, sondern einen Schatz im Himmel« (Matth. 6, 19-20). Damit seien nur einige Stellen angeführt. Drängt sich uns in diesem Zusammenhang nicht das Leben des heiligen Franziskus auf, der freiwillig auf Besitz verzichtete, um sich ganz dem geistlichen Leben zu widmen, ohne jede materielle Belastung und Bindung? Das gleiche wissen wir von Buddha und manchen anderen.

Somit sind die »geistig Armen« in der uns bekannten Version der Bergpredigt jene, die freiwillig und absichtlich keinen Besitz und Reichtum anstreben, um ein Leben in Einfachheit, ganz auf das Göttliche ausgerichtet, zu führen, ohne Ablenkung und Fesseln, die Besitz immer bringt. Zweifellos ist es eine Frage der Lebenskunst und Weisheit, mit Besitz richtig und verantwortungsbewußt umgehen zu können und auch von ihm zu lassen, wenn es erforderlich ist. In dieser Besitzlosigkeit genoß die Gemeinde von Qumran eine Freiheit, von der mancher heute nur träumen kann, aber keine Vorstellung davon hat, wie sie zu erreichen ist. Sie kostet den Preis unnötigen Besitzes, den Preis der Losgelöstheit von allen Bindungen. Die Schriftrollen von Qumran schenkten uns den eindeutigen Sinn der ersten Seligpreisung. Alle anderen Deutungen, von welcher Seite sie auch kommen, widersprechen dem, was Jesus gesagt und gemeint hat. Wenn durch viele Jahrhunderte anderes gelehrt wurde, so sind wir doch der Wahrheit verpflichtet, wenn sich nun Quellen aufgetan haben, die eine Korrektur notwendig machen. Das bezieht sich nicht nur auf die erste Seligpreisung, sondern, wie die Rollen von Qumran zeigen, ist manches verzerrt in unser Christentum eingegangen im Laufe von fast zweitausend Jahren. Viele Rollen sind noch nicht übersetzt worden, die noch manche Wahrheit ans Licht bringen werden.

Es gehört sicher auch Mut zur Korrektur mancher Sachverhalte, die, aus welchem Grunde auch immer, den Wahrheiten einen völlig falschen Klang gegeben haben, die jetzt durch die Funde der Rollen vom Toten Meer ans Licht gehoben wurden; und es sind Sünden wider den Geist, wo dies trotz jetzigem besseren Wissen unterbleibt, weil man vielleicht ein altes hinfällig gewordenes Bild, das jetzt zusammenbricht, noch unbedingt halten will. Es ist im Lichte der Wahrheit gesehen unwesentlich, was Jahrtausende aus allem gemacht haben, wesentlich ist einzig und allein, die Wahrheit jetzt so zu lehren, wie sie eigentlich gemeint war. Wissen verpflichtet, und es ist sicherlich kein Zufall, daß der Menschheit in unserer Zeit der Qumran-Schatz geschenkt wurde, denn es ist auch eine Gesetzmäßigkeit, daß die Wahrheit irgendwann einmal ans Licht kommen muß.

Was können wir tun, um geistig und körperlich zu gesunden?

Einem kritischen Beobachter der Gewohnheiten der heutigen Menschheit, die sich für zivilisiert hält, muß es erscheinen, als hätten sich Verstand und Gemüt der Menschen ausschließlich in die Welt der Dinge, der Materie verstrickt, so daß diese zu ihrem Gefängnis wurden. Dadurch geriet das Bewußtsein vom Ursprung und der Kraftquelle des menschlichen Wesens, von der All-Gegenwart Gottes in jeder Zelle, in Vergessenheit. Der göttliche Plan für die Menschen, nach dem sie wieder jene Vollkommenheit erreichen sollen, die zur Überwindung des physischen Todes und zur vollkommenen Freiheit führt, scheint nicht mehr zu existieren; und so wurde die Menschheit von immer größerem Mißklang heimgesucht, der Gemüt und Gefühlsleben durchsetzt und damit das Denken und Handeln unharmonisch und einseitig beeinflußt.

Solange zum Beispiel die Menschen die »Überproduktion« und dann das Töten der Tiere wie jede andere selbstverständliche Handlung des täglichen Lebens betrachten, werden sie die üblen Gewohnheiten ihres Gefühlslebens niemals überwinden können, diese sind ihre stärksten Fesseln. Sie stören fortwährend die Harmonie des Körpers und lassen die feineren geistigen Impulse nicht offenbar werden und zur Auswirkung kommen.

Ein großer Teil der Menschheit ist sich noch nicht bewußt, welche Auswirkungen das massenweise Töten von Tieren bisher schon hervorgerufen hat, daß außerdem auch alle Versuche und Experimente an Tieren, die meist noch viel grausamer sind als das Töten, entsetzliche Resultate zeitigen. Kriege und sonstige Grausamkeiten würden nach und nach vom Planeten Erde verschwinden, wenn die Menschheit in einem verfeinerten Bewußtsein leben würde, das unter anderem das Töten von Tieren in unnötig großen Massen nicht mehr zulassen würde. »Solange es noch Schlachthäuser gibt, wird es auch Schlachtfelder geben«, sagt ein altbekannter Ausspruch.

So viele Christen aller Richtungen berufen sich auf die Bibel als Grundlage für die Lebensführung und um ihren Worten Nachdruck zu verleihen. Daß aber das fünfte Gebot lautet: »Du sollst nicht töten« – davon spricht niemand mehr angesichts der Aufrüstung. Ebenso wird wohl angeführt, was in 1. Mose 1, 29 steht, als Gott sprach: »Sehet da, ich habe euch gegeben allerlei Kraut, das sich besamt, auf der ganzen Erde, und allerlei fruchtbare Bäume, die sich besamen, zu eurer Speise.« Davon, daß die Tiere ebenso zur Speise da seien, spricht er nicht, er erwähnt sie nur.

Die Liebe der Menschen zu ihren Haustieren, die nicht nur aus egoistischen Gründen gehalten werden, läutert etwas von ihren Verirrungen und führt sie in eine harmonischere Schwingung. Wenn die Menschen reiner und ethischer im Denken werden, können auch Erde und Natur in eine höhere Schwingung kommen, wie sie vom Garten Eden beschrieben wird. Ein derartiger Zustand kann sich nur entwickeln, wenn göttliche Weisheit das Bewußtsein der Menschen durchdringt und veredelt. Denn der Mensch gehört mit seiner von ihm geschaffenen und beeinflußten Umwelt zur Gesamtheit der Schöpfung, in der alle Teile aufeinander einwirken – zum Positiven wie zum Negativen.

Eine der Auswirkungen, die in der geistigen Verirrung der Menschen in Form des Tötens liegt, ist die Angst. Abgesehen von den gesundheitlichen Schäden, die das Fleischessen hervorruft (Rheuma, Gicht, Harnsäureablagerungen in den Geweben, Überforderung des Verdauungstraktes, Ablagerungen in den Herzkranzgefäßen und vieles mehr), sind die Schäden auf den subtileren Ebenen mindestens ebenso groß. Es ist eine Tatsache, daß das Fleisch der Tiere die Furchtgefühle speichert, die sie vor der Tötung erleiden; denn auch das Tier hat einen »Empfindungsleib«, und die Schwingungen der Angst und Furcht vor der Tötung und während des Sterbens, prägen sich dem Fleisch ein. Sie werden dann vom Empfindungsleib des Fleischessers aufgenommen. Ein unsichtbarer Stoff verdichtet sich davon im Gehirn und stumpft auf die Dauer den Intellekt ab, und die feinen und subtilen Impulse des höheren Selbst können nicht offenbar werden. Intuitionen und Inspirationen haben keine Möglichkeit, das Bewußtsein zu erreichen, und so lebt der Mensch in selbstgewählter Trennung von seiner göttlichen Quelle.

Furcht in den verschiedensten Abstufungen beherrscht das Gefühl des größten Teiles der Menschheit.

Sie öffnet das Tor, wodurch finstere Kräfte sie beherrschen können und damit zerstörend wirken.

Die Ansicht, daß es nötig sei, Fleisch zu essen, um Kraft zu gewinnen, ist unwahr und unlogisch. Der Elefant ist eines der stärksten Tiere unserer Erde, aber er ist kein Fleischfresser, wie auch das Pferd und viele andere Tiere, die dem Menschen dienen und schwer für ihn arbeiten.

In Kriegszeiten hat man früher den Soldaten recht viel Fleisch zu essen gegeben, um die Kampfstimmung anzuheben, um ihre feineren Gefühle abzustumpfen.

Es ist das Ergebnis einer anderen Tätigkeit der finsteren Kräfte dieser Erde, die die Vorstellung in menschliche Gehirne brachte, daß ein Serum, aus Tieren gewonnen, Gesundheit und Vollkommenheit oder auch Schutz vor Krankheiten dem menschlichen Körper bieten könne. Diese finsteren Kräfte sind bewußt gelenkt mit dem Ziel, die Widerstandskraft der Menschen zu brechen, damit die zerstörenden Gefühle immer wieder Oberhand gewinnen und die hohen Ideale vernichtet werden. Die Ärzteschaft hat sich, ohne es zu bemerken und zu wissen, zum willenlosen Werkzeug dieser Zerstörung machen lassen unter dem Deckmantel der Wissenschaft.

Daß zum Beispiel das Behringsche Serum gegen Diphterie und das gegen Wundstarrkrampf, die von Pferden und Rindern gewonnen werden, schon viele Leben gerettet hat, soll nicht unerwähnt bleiben. Aber die dem Menschen zur Verfügung stehenden reinen Kräfte, die ihm von seinem höheren Selbst zukommen möchten, würden ihm ganz sicher zur Entdeckung von Mitteln verhelfen, die nicht gegen die geistigen Gesetze verstoßen und nicht von Tieren gewonnen werden müßten.

Diese dem Menschen nicht gemäßen Empfindungen im Körper sind die Ursache zu der Hartnäckigkeit der niederen Triebe und Begierden der Sinne. Sie machen es unmöglich, die ihm zur Verfügung stehenden wunderbaren Fähigkeiten und reinen Kräfte zu benutzen, die ihm von seinem höheren göttlichen Selbst zukommen möchten. Solange dieses Wissen nicht stärker in das Bewußtsein der Allgemeinheit dringt, wird die Zerstörung immer weiter um sich greifen.

Und doch gibt es schon viele Menschen, die heute Zeit und Kraft zum Studium der geistigen Gesetze und der eigenen Vervollkommnung aufwenden, welche sie zu einem früheren Zeitpunkt zur Befriedigung der körperlichen Triebe und der Launen des persönlichen Selbst benutzten. Erfreulicherweise wächst ihre Zahl ständig. Es ist eine große Freude zu sehen, welche Ergebnisse dadurch gezeitigt werden. So ist in der augenblicklichen Evolutionsphase der Menschen zu bemerken, daß ein großer Teil den Weg der Höherentwicklung bewußt geht. Der andere Teil, der keine Anstrengungen in dieser Art macht, zerstört aus den vorgenannten Gründen mehr und mehr die Persönlichkeit auf der physischen wie auch auf der psychischen Ebene. Noch nie waren die Wartezimmer der Ärzte und Psychologen, die Krankenhäuser und Nervenheilanstalten so voll wie heute, was doch sehr zu denken Anlaß gibt. Dies wäre sicher nicht der Fall, wenn die Menschen ganz im Bewußtsein ihrer Gott-Gegenwart lebten und mit Hilfe eines höheren Wissens an ihrer Vervollkommnung arbeiten würden. Körperlich und geistig wären sie gesünder. Das zeigen uns deutlich jene Menschen auf, die den Weg der Vervollkommnung gehen. Sie leben ohne Angst, sind in Harmonie mit sich und der Umwelt und wirken meistens zum Wohle anderer; und was bei ihnen besonders hervortritt, ist die Disziplin des Geistes, aber auch die der Ernährung und der körperlichen und geistigen Haltung.

Es gibt verschiedene Dinge, die im Gehirn Stoffe hinterlassen, die unbedingt beseitigt werden müssen, wenn der göttliche Aspekt des Menschen in seiner Vollkommenheit durch das persönliche Bewußtsein hervortreten soll. In der Reihenfolge ihrer Schädlichkeit sind das: Betäubungsmittel jeglicher Art, Alkohol, Fleisch, Tabak, Zukker, weißes Mehl, zuviel Salz und Bohnenkaffee.

Für einen voll in der Erkenntnis lebenden Menschen wird es nicht schwer sein, Änderungen der bisherigen Gewohnheiten herbeizuführen, die ihn dann von Beschränkungen und Leiden befreien. Wenn sein Bestreben ehrlich ist, wird sein höheres Selbst ihm unbemerkt eine Hilfe sein, denn es wünscht nichts anderes als geistigen Fortschritt und Rückkehr zum göttlichen Ursprung. Jener, der in niederen Eigenschaften und unguten Gewohnheiten noch verhaftet ist und auch keine Änderung, oft aus mangelnder Erkenntnis, wünscht, wird diese Metamorphose nicht erleben und an ihre Möglichkeit auch nicht glauben, obwohl sie eine Gesetzmäßigkeit ist.

Es ist sehr wichtig, daß der physische Körper von den Fremdstoffen, die sich in Gehirn und Körpergeweben festgesetzt haben, gereinigt wird. Dies kann, abgesehen von der absoluten Enthaltsamkeit von jenen Dingen, durch eine befehlende Bekräftigung des gewünschten Resultates geschehen. Wichtig dabei ist, daß dieser gedankliche Befehl seinen Weg durch die Gefühlsnatur geht, weil er nur dort mit der notwendigen Kraft aufgeladen wird, die eine Wirkung hervorruft. Eine oberflächliche Bekräftigung zeitigt keine Resultate. Öfter am Tage sollte diese geistige Unterstützung vorgenommen werden. In unserer Vorstellung sollten wir den Körper als ein gesundes, vollkommenes Instrument sehen und an dieser Vorstellung stets festhalten. Ein Schüler des Geistes, dem es ernst mit seinen spirituellen Bemühungen ist, wird den Einsatz bringen, immer wieder neu zu beginnen, bis sein ganzes Wesen von seinem Ziel durchdrungen ist.

Innerhalb der Natur des Menschen wirkt eine reinigende und schützende Kraft, die die Auswirkung seiner zerstörenden Neigungen *nur für eine gewisse Zeit duldet.* Darum werden die Schäden jahrelanger Vergehen wie Rauchen, Trinken, Völlerei usw., ganz abgesehen von den Vergehen im Geiste, erst nach und nach sichtbar und spürbar. Aber mit der Zeit stößt der Mensch immer wieder hart gegen das, was er sich selbst zuzuschreiben hat, das sich nun gegen ihn richtet. Dasselbe Gesetz läßt sich nicht nur auf das augenblickliche Leben anwenden, sondern erweitert sich auf alle zukünftigen. Erst dann verliert es seine Wirkung, wenn der Mensch seine Welt und sein Leben nach dem Muster göttlicher Vollkommenheit ausrichtet.

Jede Verkörperung auf dieser Erde ist eine Gelegenheit, die das Gesetz des Ausgleichs dem Individuum gewährt, damit es die Fehler früherer Leben berichtigen kann. Würden die Menschen das verstehen, so würden sie jede Erfahrung und Gelegenheit aufgreifen, statt sich gegen die augenblicklich ungünstigen Verhältnisse aufzulehnen, wodurch sie dann ihr Opfer werden.

Ist der geistige Weg zwangsläufig mit Askese verbunden?

Daß viele Menschen in den letzten Jahrzehnten und in stets zunehmendem Maße dem geistigen Kern des Lebens mehr nachspüren, ist sicher auch den philosophischen und religiösen Einflüssen aus dem Fernen Osten zuzuschreiben, die uns durch Reisen in diese Länder, durch geistige Lehrer, die von dort zu uns kamen – wenn sie auch nicht alle die Qualität haben, die sie haben sollten –, oder durch unsere Medien wie Fernsehen, Illustrierte und so weiter bekannt wurden. Auch die wissenschaftlichen Erkenntnisse, die mehr und mehr einer breiten Öffentlichkeit zugänglich werden und unser Weltbild verändern, trugen dazu bei. In den angestammten religiösen Systemen fand der Suchende und Fragende oft keine befriedigende Antwort mehr, weil die erstarrte Form der Lehre der neuen Fragestellung nicht gerecht wurde.

Die Welt steht durch die Errungenschaften der Technik heute jedem offen. Die Kulturen und Denkweisen anderer Rassen und Völker nehmen unser Interesse in Anspruch, und mancher fühlt sich von ihnen angezogen und findet dort Antworten auf seine Fragen. Alles ist offener, transparenter geworden. Diese Entwicklung verläuft sicher nicht zufällig so.

Infolge dieser Einflüsse, und wohl nicht zuletzt durch die Einwirkungen des Materialismus und die daraus hervorgegangenen Fehlentwicklungen, sind viele Menschen an dem Punkt angekommen, an dem sie die Frage nach dem Sinn des Lebens stellen. Die einzige Antwort darauf lautet: Rückkehr zum Ursprung des Seins, zu *Gott.* Diese Erkenntnis, zu der viele Menschen heute gekommen sind, bewirkt eine Bewußtseinswandlung, die sich allmählich auf alle Gebiete des Lebens auswirkt. Religiöse Aspekte gewinnen an Bedeutung, aber nicht mehr in der alten orthodoxen, an Dogmen gebundenen Form, sondern in einer inneren Freiheit, die des Menschen göttliches Geburtsrecht ist. So bietet sich heute eine Vielfalt in der Wegfindung an, und es ist für manchen verwirrend und schwer, seinen individuellen Weg zu finden.

Auf diese Vielfalt der Wege möchte ich nicht eingehen, sondern nur einen bestimmten Aspekt beleuchten, der manchen ernsthaft Suchenden ins Stolpern bringen kann, wenn er an Meister und Lehrer gerät, die aussagen, daß das Ziel nur über die Askese zu erreichen sei, daß es ohne sie keine Höherentwicklung, kein geistiges Wachstum geben könne. Der Askese begegnet man am häufigsten noch im fernen Osten, von der gemäßigten bis zur extremsten Form. Die Vertreter der strengen Askese verlangen diese von ihren Schülern und sind der Ansicht, daß es ohne sie keine Erlösung gebe. Ihre Regeln stammen aus früherer Zeit. Sie leben noch in diesen Vorstellungen und halten daran fest. Für den Abendländer ist aber diese Forderung häufig der Anlaß, dem so hoffnungsvoll begonnenen Weg den Rücken zu kehren, wodurch er dann leider auch eine Gelegenheit verpaßt, tiefer in diese Gedankenwelt einzudringen und dadurch zu neuen Erkenntnissen zu kommen. Das mönchische Leben in Armut und Askese ist mit unseren Lebensumständen nicht zu vereinbaren, wenn einer nicht zum Aussteiger werden kann.

Der fernöstliche Mensch besitzt im Vergleich zu uns Abendländern eine ganz andere Mentalität, und auch seine Lebensumstände und -bedingungen sind völlig anderer Art. Seine religiöse Tradition konnte stärker als im Westen bis in die heutige Zeit weiterwirken und sein ganzes Leben bestimmen. Durch die weit verbreitete Armut und die sich langsamer ausbreitende Technik mit ihren vielerlei Möglichkeiten, jeden einzelnen mit den Verlokkungen der westlichen Zivilisation in Berührung zu bringen, blieben die tiefgreifenden religiösen und philosophischen Ideen und Systeme bis heute weitgehend lebendig und wirksam.

Die Frage, ob nun Askese auf dem Weg zur inneren Befreiung unerläßlich ist, wird sich jeder selbst beantworten können, der sich längere Zeit mit religiösen Gedanken befaßt und auseinandergesetzt hat. Zur Askese gehört auch ein Leben in Zurückgezogenheit von der Welt – wenn nicht vollständig, so doch zeitweilig.

In allem, was wir auf dem geistigen Weg auch anstreben und glauben ihm schuldig zu sein, sollten wir nicht außer acht lassen, daß wir einmal im 20. Jahrhundert und zum anderen im Abendland leben. Daß es so ist, wird sicher auch kein Zufall sein.

Zur Askese gehören vor allem gesundheitliche Vorbedingungen, und auch die sozialen Zustände, in denen wir leben, spielen eine Rolle. Die unerbittlichen Asketen, die die starren Regeln vergangener Zeiten übernommen haben und immer noch daran festhalten, mußten häufig mit gesundheitlichen Schäden bezahlen. Wer kann es sich heute noch leisten, nur von Wurzeln, Blättern, Beeren, Gräsern, von allem, was er findet, zu leben, auf hartem kalten Boden in ungeheizten Höhlen zu schlafen? Weder unsere Organe noch unser physischer Körper sind heute derartigen Strapazen gewachsen. Der Asket sucht die Entbehrungen, trinkt kaltes Wasser aus Bächen, was eventuell nur noch in den Bergen einigermaßen gesund ist, nicht aber bei uns, da das Trinken unseres Leitungswassers schon nicht mehr empfohlen werden kann.

Es ist sicher nicht im Sinne unserer Entwicklung, daß wir mit unserer Gesundheit, die bei den meisten Menschen ohnehin sehr zu wünschen übrigläßt, Raubbau treiben. Der Körper ist der Tempel der Seele, und wir haben ihm gegenüber auch die Verpflichtung, ihn gesund zu erhalten.

Askese allein macht noch lange keinen Heiligen. Es gibt viele Wege, die zur Göttlichkeit führen. Sittlicher Ernst, Selbsterkenntnis und Disziplin sind auf diesem Weg eine Notwendigkeit. Darauf kommt es an!

Mancher Schüler, der einen Teil seines Lebens in einem Ashram oder in einem Kloster verbracht hatte, sah seine vermeintliche geistige Reife und seine eroberten geistigen Kräfte dahinschwinden, wenn er den Prüfungen des äußeren Lebens, besonders in den Großstädten, ausgesetzt wurde.

Inwieweit sich ein Schüler eine gemäßigte Askese selbst auferlegt, wenn er das Bedürfnis danach hat, hängt von seinem persönlichen Temperament und von seiner Lebenserfahrung ab. Wichtig scheint mir zu sein, daß jeder auf dem Weg zur Vollendung lernt, seine innere Stimme zu vernehmen und ihr treu zu bleiben. Ihr zu folgen ist seine Verpflichtung.

Auch alle Nachahmungen großer Asketen, denen man heute bei Fanatikern und Phantasten begegnen kann, sind eine Gefahr, weil sie Selbsttäuschung sind und unweigerlich Rückschläge zur Folge haben. Auf dem spirituellen Weg gilt es, jeden Schritt ganz ehrlich zu tun, ohne Selbsttäuschung, in voller Wachsamkeit, und sich von großen Vorbildern emporheben zu lassen, nicht aber, sie ohne Lernprozeß nachzuäffen.

Es gibt Regeln und Vorschriften aus früheren Zeiten, die für den Menschen des 20. Jahrhunderts nicht mehr anwendbar sind. Sie müssen unseren veränderten Verhältnissen angepaßt werden.

Heute bedarf es einer viel härteren Selbstdisziplin und charakterlicher Stärke, um in unserem weltweiten Chaos den spirituellen Weg zu gehen, als in früheren Zeiten, da der Materialismus und das Wirtschaftswunder mit ihren großen Verführungen die Menschen noch nicht so allgemein erreicht und bequem und egoistisch gemacht hatten und ihre zerstörende Kraft sich noch nicht so stark auswirkte.

Es scheint, daß nur jener diese und die kommende Zeit überstehen kann, der körperliche und seelische Stabilität aufzuweisen hat, die wir nur durch Disziplin und innere Ordnung erlangen können. Dieser Weg fordert eine konsequente geistige Haltung. Es gilt nicht, der Welt zu entfliehen, sondern dem falschen Denken, der falschen Einstellung zu allem. Innere Kräfte erwachsen uns in der Bewältigung des Lebensdramas der heutigen Zeit. Sie bietet uns eine Chance, größere Schritte ins *Licht* tun zu können, als das früher möglich war. Der spirituelle Weg ist ein Weg der Bewährung auf den inneren und äußeren Ebenen des Daseins. Das Heil selbst ist nicht an den Stoff gebunden, nicht an den Körper, es betrifft vielmehr die Seele, unser ewiges Sein. Wenn wir das bewußte Leben in uns zu beherrschen gelernt haben, dürfen wir sicher sein, daß wir alles getan haben, was im Bereich unserer Möglichkeiten lag. Es gilt, in die Tiefe zu gehen, um das dort Erfahrene ins äußere Leben zu tragen und daraus die Kraft zu einer objektiven Haltung zu schöpfen.

Sicher ist es nicht sinnvoll, sich mit alten überlieferten Formen einer Vergangenheit zu belasten, die für den heutigen Menschen nicht mehr annehmbar sind, die ihm Schaden zufügen können. Sie würden ihn vom Wesentlichen abhalten, weil sie seine ganze Aufmerksamkeit in Anspruch nehmen würden, um die Regeln zu erfüllen.

Bei allem, was wir auch anstreben und tun, ist es wichtig, das Evangelium der Liebe zu verwirklichen. Askese kann hart machen, dadurch hochmütig und allein auf sich bezogen. Um die Verwirrung und die Zersplitterung in Gedanken und Gefühlen zu überwinden, heißt heute die Forderung: auch für andere da zu sein, die von Jesus Christus gelehrte und vorgelebte *Liebe* verstehen zu lernen, in ihr zu leben und sie auszuströmen.

Der Weg zur Göttlichkeit muß nicht mehr über die Askese führen. Der heutige Mensch muß sich nicht dazu zwingen, denn die Lebensumstände in der jetzigen Gesellschaftsform verlangen eine andere Art der Disziplin.

Es gibt eine »innere Askese«, die in anderer Weise in das äußere Leben eingreift, die sich nicht so offensichtlich darstellt. Sie beeinflußt Seele, Herz und Bewußtsein. Die innere Askese bewirkt Veränderungen im äußeren Leben durch Konzentration und eigene Entscheidungen. Verzicht aus innerem Antrieb ist eine Geisteshaltung, die sicher fruchtbarer ist als Verzicht aus blindem Gehorsam, der nicht aus einer inneren Bereitschaft und Überzeugung erwächst.

Die früheren alten Wege sind nicht die *einzig* wahren, ebensowenig wie alte Religionsformen es für uns heute sind. Ihre Begriffe sind oft allzu menschlich und armselig, indem man die unendliche Liebe Gottes, Seine allumfassende Barmherzigkeit und Geduld mit den Augen der damaligen engen Verhältnisse sah. Vor allem wurden die Christen stets in Schuldgefühlen und in immerwährender Trauer um Jesu Sterben festgehalten; dadurch konnten sie nicht erkennen, wieviel Freude aus der inneren Entwicklung und der daraus entstehenden Freiheit erwächst, wie sie die Lehren Jesu Christi und die der östlichen Meister beinhalten.

Das göttliche Licht erhellt uns alle – je nach Vermögen, es aufnehmen zu können. Dazu bedarf es des Bemühens und der Arbeit am Selbst. Gott fordert sicherlich keine Askese, wie Er überhaupt nichts fordert, sondern in unendlicher Geduld wartet.

Der Anblick des alten Mannes, der sich Tag für Tag im Staube um den Arunachala-Berg wälzt, dürfte selbst für Gott-Vater kein würdiger Anblick gewesen sein. Diese Art der Verehrung und Andacht mag aus frommem Sinn entspringen, aber was würde ein Abendländer empfinden, wenn er einen Menschen, der sich wie ein Wurm im

Staube wälzt, sehen würde – in dem Gedanken, daß auch dieser nach dem Bilde Gottes geschaffen wurde? Eine solche Form der Selbstdemütigung käme ihm sicher unwürdig vor.

Das größte Geschenk des Schöpfers ist es wohl, daß er jedem Sein Bild einprägte und jeder eine Individualität ist. Demnach sind auch die Wege eines Menschen, die ihn wieder zu seinem Ursprung zurückführen, ganz individuell. Es bedeutet eine große Verantwortung, ein einmaliges Wesen zu sein; niemand kann sich dem entziehen, und jeder für sich muß die Erwartung des Schöpfers erfüllen, daß er dem Bild, nach dem er erschaffen wurde, wieder ähnlich werde.

Am Anfang des Weges stehen die kleinen alltäglichen Stolpersteine

Von einer inneren oft unbestimmbaren Sehnsucht getrieben, begibt sich heute mancher auf den esoterischen und spirituellen Weg. Häufig ist der Auslöser ein Buch, das die Seele bewegt und bisher nicht gekannte Saiten zum Klingen bringt. Unerfahren, aber geöffnet für all das »Neue«, läßt sich der Suchende auf ein Abenteuer ein, von dem er nicht ahnt, wohin es ihn führen wird. Wie viele Verlockungen, Verführungen und Faszinationen liegen am Wegesrand! Was in früheren Zeiten in den Einweihungsschulen gelehrt wurde, was ein Meister und Lehrer den Schülern mündlich überlieferte, ist heute durch Literatur jedem zugänglich. Das ist sicher zu begrüßen, birgt aber auch Gefahren in sich.

Für manches Wissen, besonders für jenes aus Büchern, bedürfte es einer Zubereitung und Erläuterung durch einen erfahrenen Lehrer des Geistes, denn das Angelesene kann nur in dem Maße richtig verarbeitet werden, als das Bewußtsein dafür aufnahmefähig ist. Manches Gelesene kann der Neuling erst verstehen, wenn er in der Lage ist, die dahinter verborgen liegenden Gesetzmäßigkeiten zu erkennen. Aus dem Nichtverstandenen formt er sich leicht falsche Bilder, und die Wahrheit erfährt dadurch eine Verzerrung.

Mit dem angelesenen Durcheinander im Kopf ist der Anfänger oft der Ansicht, schon mitten auf dem esoterischen oder spirituellen Weg zu sein. Trifft er dann nicht jemanden, der ihm Anstöße gibt zu einem weiteren Studium, wird er nicht auf wertvolle und aufschlußreiche Literatur hingewiesen, dann kann es viele Jahre so weitergehen. Er verfällt einer Faszination nach der anderen, ohne daß sich in seinem Innern etwas bewegt und verändert. Es gibt ja so vieles auf diesem Gebiet, was geheimnisvoll, oft aber auch verwirrend ist, von dem mancher glaubt, dies alles müsse er kennenlernen und sich aneignen. Ein anderer wird dagegen vorzeitig müde, ohne der Materie tiefer auf den Grund gekommen zu sein. Was der Weg in Wahrheit bedeutet und wohin er führt, hat er nicht erfaßt. Die Mittel, die Wegweiser, werden von ihm mit dem Weg selbst verwechselt. Daß er zu seiner »Vervollkommnung« führen soll, ist ihm nicht klar geworden.

Der spirituelle und esoterische Weg hat keinen anderen Sinn, als die große Aufgabe des Lebens meistern zu helfen und den Suchenden aus der denkträgen und vom Materialismus vergifteten Situation herauszuheben. Viele suchen in der Ferne und haben noch nicht erkannt oder übersehen, daß es vor allem gilt, die Aufgaben anzugehen, die in nächster Nähe liegen. Die Erkenntnis und die Kraftquelle zur Bemeisterung der großen Lebensaufgabe beginnt und liegt nämlich in der Meisterung der kleinen Dinge im Alltag. Deshalb ist es unerläßlich – und niemand kann sich davon ausschließen, wenn er erfolgreich den Weg gehen will –, immer wieder mitten im Alltag danach zu streben, sich durch Bewältigung der Alltäglichkeiten zu vervollkommnen. Das heißt vor allem, Herr seiner selbst zu werden, was sicherlich eine der schwersten Lektionen ist. Wer aber daran arbeitet, trägt mehr zur Verbesserung und Veränderung der Welt bei, als er ahnt.

Wer erkannt hat, daß es auf dem geistigen Weg einzig und allein auf das soeben Erwähnte ankommt, läuft nicht Gefahr, einer Faszination zu verfallen, und er wird den Wegweiser nicht mit dem Weg verwechseln. Die Großen und Vollendeten der Menschheit haben ein wertvolles Erbe hinterlassen. Ihre Schätze der Lebensweisheit wiegen viel schwerer als alle materiellen Schätze. Es liegt an uns, sie zu heben, sie uns zunutze zu machen, vor allem danach zu leben und durch eigenes Gedanken- und Erlebnisgut bereichert weiterzugeben.

Auf dem großen Entwicklungsweg des Menschen gibt es keine Grenzen. Auf dem Weg der fortschreitenden Vervollkommnung wird es an Aufgaben und Lernprozessen nicht mangeln, auch in fernster Zukunft nicht. Selbst von tausend Generationen nach uns werden immer neue Einsichten gewonnen und weitere Schritte zur Vollendung getan werden.

Der geistig ausgerichtete Mensch sorgt im wesentlichen für den göttlichen Teil seiner selbst, denn dieser ist wichtiger als der körperliche, vergängliche Teil. Trotzdem darf der Körper nicht vernachlässigt werden, denn auch er hat Anteil an der Vervollkommnung.

Die beglückenden Erfahrungen, die ein Mensch auf dem Weg der Selbstbemeisterung macht, führen ihn immer mehr in die geistige Freiheit, und dadurch wird die

Beziehung zum Geistigen, zu Gott spürbarer und tiefer. Die Selbstbemeisterung hebt den Menschen über alle Alltäglichkeiten und zermürbenden Kleinheiten des Lebens in eine kosmische, universelle Weite, die auch im Innern seiner Natur zuhause ist.

Im Fortschreiten der Meisterung des Lebensweges mit seinen vielen Hürden stellt sich bald eine größere Gelassenheit den Dingen des Alltags gegenüber ein. Sie schafft die Voraussetzung, vermeintliche Probleme, die oft künstlich erzeugt werden, abzubauen oder gar nicht erst entstehen zu lassen. Gelassenheit spart Energie, die dann ökonomischer und für Wesentlicheres eingesetzt werden kann. Ein gelassener Mensch ist immer der überlegenere und stärkere. Gelassenheit ist auch ein starker Schutz. Sie ist eine Tugend des weisen Menschen, und wo könnte sie besser erlernt und erprobt werden als im Alltag?

Die größte Selbsttäuschung liegt in der Ansicht, daß mit viel Lesen, Studieren und Denken allein das Rad der Entwicklung in Gang gesetzt werden kann, und daß im Alltag selbst und in mitmenschlicher Beziehung keine Anstrengungen vonnöten seien. Es ist den Menschen häufig schwer begreiflich zu machen, daß in erster Linie die Arbeit an den eigenen Fehlern und Schwächen, an der Charakterveredlung beginnen muß. Auch der Intelligenteste und Geistreichste kann nicht umhin, bei den kleinen Dingen in seinem Alltag zu beginnen. Gerade bei diesen Menschen muß man leider häufig die Beobachtung machen, daß ihre Selbstkritik noch schwach entwickelt ist. Sie wollen andere schon belehren, ehe sie ihrer eigenen Mängel bewußt geworden sind. Womit nicht gesagt werden soll, daß jeder schon ein Heiliger sein müßte, der anderen etwas von seinen Erkenntnissen mitteilen möchte. Das wäre zuviel verlangt. Besitzt er aber Gelassenheit, werden durch sie allein schon Anstoß erregende Fehler und Schwächen umgewandelt, denken wir dabei zum Beispiel an einen Lehrer.

Niemand kann sich »auf dem Weg« wähnen, auch der brillanteste Geist nicht, wenn er nicht mit der Erfüllung der Aufgaben in nächster Nähe, im Alltag, beginnt.

Der Strebende füllt oft seinen Kopf mit Wissen und verschwendet dadurch wertvolle Zeit, bis er zu der Erkenntnis kommt, daß er doch am Wesentlichen, an der ersten Stufe, vorbeigegangen ist. Und zu dieser ersten Stufe muß er wieder zurückkehren. Sie bleibt ihm nicht erspart, wenn er in Aufrichtigkeit seinen Weg weitergehen will.

Ein Schüler, der den Faszinationen verfallen ist, die ihm auf dem esoterischen und spirituellen Weg begegnen, neigt leicht dazu, die Auseinandersetzung mit dem Alltag als für ihn zu banal zu empfinden, und glaubt, daß er solche Kleinigkeiten nicht nötig habe. Aber auch er wird an dem Punkt ankommen, da er vielleicht schmerzlich empfinden muß, daß er versuchte, Stufen zu überspringen. An den Punkt, wo er den kontinuierlichen Weg durch Übereilung verlassen hat, muß er wieder zurückkehren. Das ist ein Gebot der Hohen Schule des Geistes. Der echte geistige Weg kennt nur ein ganz ehrliches Wandern in Selbsterkenntnis, innerer Klarheit, Disziplin und Wahrheit. Das sind die Meilensteine auf dem Weg in die Freiheit.

Beharrlichkeit

Der Hund besitzt einen untrüglichen Führer: »Die Witterung seines Herrn.« Wenn er ihr folgt und alles andere außer acht läßt, wird er den Herrn finden. Das ist eine Gesetzmäßigkeit.

Dieser Hinweis läßt erkennen, wohin Beharrlichkeit führt. Wer beharrlich ist, schaut nicht nach rechts und links, hört nicht auf Einflüsterungen, geht seinen Weg und folgt der »Fährte«, bis er zum Ziel kommt.

Das Beispiel mit dem Hund zeigt uns, wie wichtig Beharrlichkeit ist, um ein Ziel zu erreichen. Der Hund hält die Nase ständig auf der Erde, um die Spur seines Herrn nicht zu verlieren, und er läßt sich auch durch nichts davon abbringen, dieser Spur zu folgen, bis er seinen Herrn gefunden hat, selbst dann nicht, wenn er die Grenzen seiner Kräfte erreicht hat. Das Tier ist uns darin ein gutes Beispiel und Vorbild.

Im übertragenen Sinn kann der Schüler des geistigen Weges auf seinem Weg es genauso machen. Jedes Ziel, das er ernsthaft und beharrlich anstrebt, wird er einmal erreichen.

Ein großer Teil der Menschen – und oft auch der Schüler des Geistes – läßt sich vom Ziel ablenken. Die Sinne schweifen ab, und dadurch verlieren sie die »Fährte«.

Beharrlichkeit ist das große Geheimnis für die Erreichung jedes Zieles, ganz gleich, welcher Art es auch sein mag. Es sei aber darauf hingewiesen, daß der Schüler des geistigen Weges sich nur aufbauenden Bestrebungen, die seiner Entwicklung dienen, zuwenden soll.

Beharrlichkeit muß geübt werden, jeden Tag aufs neue. Sie führt nicht nur zum Ziel, sondern sie hilft auch, alle Ebenen des Lebens harmonisch zu meistern. Es sollte eine Selbstverständlichkeit sein, daß in der Zielsetzung in Verbindung mit der Beharrlichkeit keinem Mitmenschen irgendein Schaden zugefügt werden darf, sei es auf der physischen oder auf der geistigen Ebene. Das gilt für alles Streben nach Erkenntnis auf dem Weg zur Vollkommenheit.

Der Schüler trägt also in jeder Hinsicht, ganz gleich, was er anstrebt, Verantwortung für seine Mitmenschen.

Auf dem Lichtweg gilt es also, daß der Strebende nur sein Ziel im Auge behält und sich in keiner Weise ablenken läßt, ganz gleich, welche Verlockungen am Wegrand liegen mögen. Gerade auf dem geistigen Weg gibt es viele Möglichkeiten dazu, und oft kommt noch die geistige Neugier hinzu, die den Schüler abirren läßt und ihn in eine falsche Richtung führt. In dem Augenblick, da das geschieht, verliert er den Weg, und manchmal kann es sehr lange dauern, bis er sich dessen bewußt wird und umkehrt. Nicht selten hat er Schaden dabei erlitten, und es kostet viel Zeit und Energie, diesen zu überwinden.

Beharrlichkeit ist das Alpha und Omega auf dem geistigen Weg. Beharrlichkeit will geübt werden, darum ist es zu empfehlen, sich morgens ein Ziel für den Tag zu setzen. Beharrlichkeit zu üben sollte mit kleinen Schritten begonnen werden. Wenn diese gemeistert sind, was oft Mühe genug kostet, wird der Schüler höhere Ansprüche an sich stellen. Und jeden Abend sollte er sich Rechenschaft darüber ablegen, ob Beharrlichkeit ihn das gesetzte Ziel erreichen ließ. Wenn das nicht der Fall ist, sollte er vorbehaltlos den Grund überprüfen.

Eine Fehlentscheidung bedeutet es, wenn ein Schüler zu Beginn seines Weges zu große Schritte tun möchte, um möglichst rasch vorwärtszukommen. Darin besteht die Gefahr, daß er vorzeitig ermüdet oder durch Nichterreichen des Zieles die Lust verliert und deprimiert ist. Er verläßt den Weg und versäumt damit die große Chance, die jetzige Inkarnation für den Schritt ins Licht zu nutzen. Das ist eine große Tragik. Die kleinen, aber bewältigten Schritte dagegen geben ihm immer wieder Ansporn, weiter zu wandern – immer höheren und erhabeneren Zielen entgegen.

Positives Denken – Was ist das?

Es ist sicher nicht unwichtig und uninteressant, im Rahmen unserer Bemühungen, den geistigen Weg zu gehen, uns mit dem positiven Denken, von dem schon seit einiger Zeit geschrieben und gesprochen wird, etwas näher zu befassen. Eine kaum mehr zu überbietende Anzahl von Büchern der verschiedensten Variationen beschäftigen sich mit diesem Thema und wirken fast wie eine Droge. Es ist aber nicht unbekannt, daß zuviel und unrichtig eingenommene Medizin auch schädlich wirken kann.

Positives Denken ist wahrhaft gut, *wenn es in der rechten Form, in der rechten Art* verstanden und eingesetzt wird.

Die Lehren über das positive Denken werden so dargestellt, als ob jeder damit alles erreichen könnte, was er sich wünscht, wenn er nur immer positiv denkt. Das positive Denken zieht alles Gute herbei, also ist es sehr einfach, seine Wünsche bald erfüllt zu sehen, wenn man sich nur an die Vorschrift hält. Es gibt keinen Lebensbereich, auf den man nicht einwirken kann. Das positive Denken scheint tatsächlich jedem, der es übt, nur Vorteile zu bieten. Allein schon die wunderbaren Aussichten auf die Wunscherfüllungen eines Tages, erheben den positiv Denkenden in Hochstimmung, und dadurch geht es ihm auch gut. Er fühlt sich den anderen Menschen in gewisser Weise überlegen und ist es auch. Er ist fröhlich, unbeschwert, auf Vorschuß sozusagen, er hat auch wirkliche Erfolge zu verzeichnen. Das wäre tatsächlich eine unleugbare Gesetzmäßigkeit, wenn alles so einfach und glatt verliefe.

Um ein besseres Verständnis dafür zu bekommen, was eigentlich mit dieser Lektion ausgesagt werden soll, möchte ich etwas aus der Praxis, wie sie sich mir zeigt, berichten:

Täglich gehen bei mir viele Briefe ein. Nicht wenige Menschen erbitten Rat und Hilfe, weil sie in Depressionen und Schwierigkeiten geraten sind. Sie stecken in einem schwarzen Loch. Im Grunde ist das nichts Neues und Außergewöhnliches auf unserem Stern. Das Merkwürdige an der Sache ist nur für mich, daß die meisten dieser Unglücklichen schon eine ganze Reihe von Büchern über positives Denken und ähnliche Themen gelesen haben, deren Titel sie mir auch gleich nennen. Dadurch bin ich einigermaßen über die einschlägige Literatur unterrichtet. Aber diese Unglücklichen stellen alle die Frage: Wie ist das nur möglich, da ich doch immer positiv gedacht habe? Warum funktioniert das nicht bei mir? Ich bin ganz verzweifelt.

Es ist natürlich eine einfache und logische Sache, positiv zu denken, wenn es einem gutgeht, wenn sich dadurch schon Wünsche erfüllt haben und auch sonst alles fast »wie am Schnürchen« läuft. Es gibt aber – was zu den Übeln unserer Zeit gehört – tiefliegende Ursachen zur Beeinträchtigung des körperlichen und des seelischen Befindens, die ein Mensch, der in solch ein schwarzes Loch gefallen ist, nicht mehr allein durch positive Denkformeln überwinden kann. Statt in Verzweiflung zu geraten, sollte er nun einmal überprüfen, auf welchem Gebiet seines Lebens er etwas ändern oder umstellen kann, etwa in der Ernährung, im Tagesrhythmus, in den Schlafgewohnheiten und so weiter. In der Sowjetunion wurden schon vor Jahren bei Depressionen sehr gute Erfolge mit Fastenkuren erzielt. Eine durchgreifende Reinigung des Körpers zieht eine Reinigung des Denkens nach sich. Der entschlackte Mensch fühlt sich befreit, leicht und heiter. Damit ist er Schwierigkeiten von außen wie von innen wieder gewachsen. Auch Bewegung in frischer Luft, Yoga, Gymnastik oder ähnliches helfen, das innere Gleichgewicht wieder herzustellen.

Nun aber zurück zum positiven Denken.

Beschauen wir doch einmal die Rückseite der Medaille. Durch positives Denken soll ohne Zweifel etwas erreicht werden. Überlegen wir aber auch genau, ob das, was erreicht werden soll, auch tatsächlich gut für uns ist? Wenn wir eine Fehlentscheidung getroffen und eine falsche Vorstellung genährt haben, werden die Nakkenschläge es uns bald deutlich zeigen. Das sind keine seltenen Fälle. Mancher fällt dann aus allen Wolken und begreift nicht, wie das geschehen konnte. Statt weitere positive Gedanken zu entwickeln, versinkt er möglicherweise in Resignation.

Ist uns bewußt, daß wir durch positives Denken in der unrechten Weise in unser Karma eingreifen und uns dadurch neue Schwierigkeiten schaffen können? Ist uns ferner bewußt, ich betone noch einmal, um nicht falsch verstanden zu werden, daß wir durch unrichtig angewandtes positives Denken auch einem Ego-Trip verfallen können? Positives Denken falsch angewandt, kann die Türen zu unüberlegten Wünschen öffnen und verhindern, uns zu fragen, ob das Gewünschte oder Angestrebte tatsächlich dem Weg unserer inneren Entwicklung dienlich ist, und darauf kommt es meines Erachtens in erster Linie an. In besonderem Maße gilt diese Überlegung, wenn es sich um materielle Dinge handelt. Wenn wir nach den göttlichen Gesetzen leben, sieht das Gesetz für uns auch Fülle in allem vor, so daß wir deshalb keine unnötigen Wünsche mit wertvollen Energien zu belegen brauchen. Das soll nicht heißen, daß wir uns nichts wünschen dürfen.

Der Weg zu Erfolg und Wohlergehen auf allen Ebenen basiert einzig und allein auf der Beachtung der kosmischen, geistigen oder göttlichen Gesetze. Von ihrer Beachtung hängen Harmonie, Zufriedenheit, Wohlergehen und auch Erfolg ab, und zwar in dem Maße, wie es unsere geistige Entwicklung fördert.

Unseren Wünschen und Vorhaben sollte – damit wären wir gut beraten – die Frage nach dem göttlichen Plan für uns vorausgehen, denn dieser allein weiß, was gut im Sinne unserer Weiterentwicklung für uns ist. Weil Wunsch-Gedanken, die mit dem Gefühl der Erfüllung aufgeladen sind, sich tatsächlich erfüllen können, wenn sie immer wieder mit Energie versorgt werden, ist nicht schwer zu verstehen, daß wir durch Übungen des positiven Denkens den göttlichen Plan stören können und an seiner Stelle etwas herbeiziehen, was ihm zuwiderläuft. Das kosmische Gesetz wird und muß sich erfüllen, es ist stärker als alles menschliche Denken. Das tägliche Fragen nach Gottes Plan für uns sollte uns zur Gewohnheit werden, auch dann, wenn wir noch keine Antwort bekommen, weil wir noch nicht genügend aufgeschlossen dafür sind. Eines Tages wird es so weit sein, daß wir ihn in uns erfahren, und darauf dürfen wir ganz fest unsere positiven Gedanken lenken. Ebensogut kann er sich auch durch einen Menschen offenbaren, der uns Anstoß, eine Idee oder einen Hinweis gibt. Sicher wäre es unserer Entwicklung dienlich, positiv und offen auch diesen verborgenen Dingen des Alltags gegenüber zu sein, positiv aber auch im Annehmen der Aufgaben, die unsere ganze Kraft fordern, die uns das »Schicksal« zumutet. Dort müssen wir mit aller Energie positive Gedanken einsetzen, damit wir diese Aufgaben auch meistern können. Wer Aufgaben, die zu seiner inneren Entwicklung und zum Karmaausgleich notwendig sind, allein durch positives Denken überspringen will und Versuche unternimmt, ihnen aus dem Wege zu gehen, verstößt gegen das Gesetz, und der unausbleibliche Ausgleich kommt mit doppelter Stärke wieder zurück.

Positiv denken heißt auch, Hoffnung zu haben in schwierigen Lebenssituationen, und positiv ist es, diese Hoffnung nie aufzugeben.

Keine Wiederbelebung der Vergangenheit

Es werden mehr Gespräche geführt über vergangene Ereignisse, die zudem meistens negativer Natur sind, als über augenblicklich wesentliche Dinge, die der Entwicklung förderlich wären.

Wenn frühere Erlebnisse durch Darandenken und Darübersprechen, besonders wenn sie negativ und ungut waren, immer wieder erörtert werden, und das oft noch mit Emotion und allem Nachdruck der Gefühle, so werden dadurch alte Gedankenformen neu belebt.

Alles Vergangene, und sei es noch so negativ gewesen, sollte endgültig der Vergangenheit angehören. Durch seine Wiederbelebung werden abermals und erneut ungute Ereignisse in unser Leben fließen. Alles, was wir immer wieder aus der Erinnerung hervorholen, erschüttert geradezu unseren feinstofflichen Körper und hinterläßt Spuren in ihm, die man mit Rissen in den Wänden eines Hauses vergleichen könnte, das fortwährend Erschütterungen ausgesetzt ist. Gleichzeitig wird auch das atomare Gefüge des physischen Körpers in Mitleidenschaft gezogen. Ungutes tritt wieder ins Gedächtnis, und alte Schwingungen leben auf und vergiften unsere

Welt. Wir haben Mühe, diese zu beseitigen, um die gestörte Harmonie wiederzugewinnen. Oft halten uns dann unangenehme Erinnerungen nach einer Wiederbelebung eine Zeitlang wieder in Unruhe und können uns sogar die Nachtruhe rauben.

Könnte der Lichtschüler sehen, wie schädlich es für ihn ist, wenn er sich hinreißen läßt, Vergangenes neu zu beleben, würde er alles daransetzen, um sich mit voller Kraft nur dem Jetzt zuzuwenden.

Wenn man bedenkt, daß Ereignisse der Vergangenheit meist kosmische Rückwirkungen waren, so dürfte uns die Unsinnigkeit ihrer Neubelebung einleuchten. Mit dem damaligen Durchleben sind sie erledigt, karmische Verbindungen sind gelöst und etwaige Schuld ist dadurch gelöscht worden.

Vielleicht können wir ermessen, wenn wir diese Gesetzmäßigkeit in Betracht ziehen, wie unklug es ist, uns und anderen Vergangenes immer wieder vor Augen zu führen.

Es gibt wohl nur wenige Ereignisse im Leben eines Menschen, die so schwerwiegend sind, daß eine Vergebung und Wiedergutmachung unmöglich erscheint. Dazu bieten sich Gelegenheiten genug, denn dem Gesetz des Karma kann keiner entgehen.

Rückliegendes Geschehen sollte wirklich losgelassen werden. Auch immer wieder auflebende Schuldgefühle sind unangebracht und verbauen den Weg der Entwicklung. Sie machen den Menschen unfrei und hemmen ein Fortschreiten.

Alle Entscheidungen und Handlungen, die sich als unrichtig erwiesen haben und oft auch sofortige negative Auswirkungen zeitigten, sollten nicht neu belebt werden durch ständiges Rückerinnern, sondern sie sollten als Erfahrungen angesehen werden, aus denen man positive Lehren zieht. Das sind alles Entwicklungshilfen, die uns durch Wachsamkeit und Achtsamkeit vor einer Wiederholung bewahren sollten. Der aufrichtig Suchende und Strebende wird aus seinen Fehlhandlungen den größtmöglichen Nutzen ziehen und sich bemühen, auch Schäden, die anderen eventuell dadurch zugefügt wurden, wieder auszugleichen. Diese Möglichkeit besteht immer. Sollten allerdings die anderen nicht darauf eingehen, so ist das ihre persönliche Sache, die Verstehen, Verzeihen, Toleranz und Liebe in mitmenschlicher Beziehung vermissen lassen, die auf dem Weg der Höherentwicklung unerläßlich sind. Für jenen Schüler aber, der sich um einen Ausgleich, um die Harmonie bemüht hat, sollte dann die Angelegenheit erledigt sein.

Wiederbelebung der Vergangenheit steht jedem Fortschritt im Wege. Das gilt für den einzelnen wie auch für das Kollektiv.

Über Bequemlichkeit

Zunächst wirkt das Wort Bequemlichkeit auf uns recht positiv. Ist nicht ein großer Teil der Menschheit bestrebt, möglichst bequem durchs Leben zu kommen? Wird nicht alles getan, um den Alltag noch bequemer zu machen? Bequemlichkeit und Fortschritt scheinen aus weltlicher Sicht wie Geschwister zu sein. Große Zweige der Industrie sind damit beschäftigt, den Menschen ihre Tätigkeiten im äußeren Leben immer noch bequemer zu gestalten. Hochqualifizierte Apparate werden erfunden und sorgen dafür, uns immer mehr Bequemlichkeit zu ermöglichen. Wir sind stolz auf den Fortschritt, der uns so viele Erleichterungen bringt, und manche Entwicklungen hinsichtlich verbesserter Lebensbedingungen sind durchaus zu begrüßen, wenn die uns gebotenen Bequemlichkeiten sinnvoll genutzt werden. Dann können sie sehr segensreich sein.

Sollten sie uns aber zur Trägheit erziehen, dienen sie uns nicht, sondern sie schaden vielmehr der menschlichen Gesellschaft.

Diese Kehrseite soll hier etwas näher beleuchtet, aber auf keinen Fall als Kritik verstanden werden; schließlich hat es ja jeder selbst in der Hand, was er von all den Verlockungen für sich in Anspruch nimmt und was nicht, ob er sich manipulieren läßt oder nicht. Was der Entwicklung im Äußeren zu dienen scheint, ist aber unserer inneren Entwicklung bei weitem nicht immer förderlich.

Bequemlichkeit im Sinne der inneren Entwicklung gesehen ist eine schlechte menschliche Eigenschaft, und wer bequeme Menschen in seinem Umfeld hat, spürt, daß diese Eigenschaft mit der Zeit als unangenehm empfunden wird.

Für die innere Entwicklung ist Bequemlichkeit geradezu wie ein Wurm, der überall dort bohrt und durchlöchert, wo etwas wachsen und sich entfalten möchte.

Die uns gebotene Bequemlichkeit auf der äußeren Ebene des Lebens kann zu einer großen Verführung und Verlockung insofern werden, als sie sich schleichend und unbemerkt in uns Raum verschafft. Sie schlägt im Unbewußten Wurzeln, und mancher wird erst zu ihr erzogen. Er empfindet die ihm eingeräumten Bequemlichkeiten als sehr angenehm, was sie ohne Zweifel auch sind; aber für die innere Entwicklung wirken sie sich nachteilig aus, weil sie weitere entwicklungshemmende Eigenschaften im Gefolge haben, die langsam und unbemerkt von ihm Besitz ergreifen und in ihm wuchern. Dies sind: Lethargie, Oberflächlichkeit, Unzuverlässigkeit, Willensschwäche, Trägheit, Mangel an Disziplin, Egoismus bis zum körperlichen Unbehagen, das auf die Dauer nicht ausbleiben wird.

Diese Darlegungen mögen zunächst übertrieben erscheinen. Es werden sicher auch nicht alle Menschen gleichermaßen davon betroffen, aber die Gefahr besteht, daß ein großer Teil ihnen mit der Zeit unterliegt, wenn sie zur Gewohnheit geworden sind. Die Auswirkungen von Trägheit und Bequemlichkeit im Denken und Handeln haben sich auf manchen Lebensebenen schon bemerkbar gemacht.

Der Undisziplinierte und jener, der von der inneren, seelischen Entwicklung nichts weiß und auch nichts wissen will, übersieht allzu leicht die Auswirkungen, die sie mit sich bringen. Jeder, der den geistigen Weg in Ehrlichkeit geht, weiß, daß es immer wieder die Disziplin ist, die ihm die Schritte vorwärts gestattet.

Bequemlichkeit ist eine ungute Eigenschaft, die der Umwandlung bedarf. Wir sollten uns ehrlich prüfen, inwieweit wir ihr noch verfallen sind, weil sie unsere spirituelle Entwicklung blockiert. Die praktischen Schritte zu ihrer Überwindung bieten sich im Alltag selbst.

Sind wir zu bequem, um uns selbst vom Stuhl zu erheben, wenn bei einer Mahlzeit etwas auf dem Tisch fehlt? Gehen wir selber in den Keller, um das Gewünschte zu holen? Verspüren wir innerlich leichten Ärger, wenn wir uns erheben müssen, weil die Türglocke oder das Telefon läutet? Drücken wir uns davor, jemandem notwendige Hilfe zu leisten, oder warten wir, ob ein anderer sich dazu bereit erklärt? Inwieweit sind wir überhaupt hilfsbereit oder doch zu bequem, eigene Schritte zu tun?

Besonders im Alter sollten wir uns davor hüten, bequem zu werden. Bequemlichkeit führt zu Trägheit, und diese ist dem körperlichen und seelischen Wohlbefinden nicht zuträglich. Mancher alte Mensch müßte nicht so unbeweglich und ungeschickt sein, wie es oftmals der Fall ist, weil er zu träge und unlustig zur Bewegung geworden ist.

Wer Bequemlichkeit und Trägheit hat groß werden lassen, wird auf dem spirituellen Weg keine nennenswerten Fortschritte machen können. Was an Bemühungen für diesen Weg erforderlich ist, werden Trägheit und Bequemlichkeit vereiteln. Ein träger Mensch wird nicht die Disziplin für die tägliche Meditation aufbringen. Er wird immer Ausreden bereit haben. Einmal ist er zu müde, ein anderes Mal hat er keine Zeit und muß Dinge erledigen, die er für wesentlicher hält. Selbst die Zeit des täglichen Gebetes wird oft aus Bequemlichkeit unterlassen. Es fehlt jeglicher innere Antrieb, der notwendig ist, die Arbeit am Selbst zu leisten.

Bequemlichkeit ist gleich einem wuchernden Polypen, der andere negative Eigenschaften heranzieht und nährt. Sie drosselt auch die Begeisterungsfähigkeit, die jene Kraft ist, die Freude ins Dasein bringt. Die Kraft der Begeisterung hat in der Welt schon viel bewirkt. Ohne sie wäre manch gute Idee im Keim erstickt. Dort, wo der Mensch sich noch begeistern kann, wird sein Inneres lebendig, denn wir haben zweierlei Naturen, wir sind sozusagen zweierlei Menschen, ein äußerer – durch die physische Erscheinung – und ein innerer – durch das ewige Selbst, durch die Seele, welche zeit- und raumlos ist.

Der physische Mensch mit seinen äußeren Sinnen entzieht der Seele – wenn er sich nur veräußerlicht – wertvolle Kräfte. In dem Maße, wie alle Wahrnehmungen der Erscheinungswelt von den äußeren Sinnen aufgenommen werden und diese den Menschen ganz erfüllen und ausfüllen, wird die Tätigkeit der inneren Sinne geschwächt, die zur Entwicklung des inneren Menschen notwendig ist, der wieder dem göttlichen Ebenbild gleichkommen soll, wie Christus es lehrte. Diese wertvollen Kräfte werden dann im Äußeren zerstreut und verbraucht; denn nur eine gesammelte

Kraft ist eine vollkommene, die machtvoll wirken kann.

Für einen Schüler des Geistes gilt es, seine Begeisterungsfähigkeit auf die innere Entwicklung zu konzentrieren. Diese machtvolle Kraft ist der Antrieb zu weiterem Wachstum, sie verleiht ihm Erkenntnis und Weisheit.

Auf keinen Fall ist es so, daß die innere Entwicklung uns dem äußeren Leben entzieht, im Gegenteil, das äußere Leben wird durch sie mit Licht erfüllt. Alles Tun im Äußeren erhält eine Aufhellung von innen her, und mit dem wachsenden Erkennen konzentriert sich der Schüler immer mehr auf das Wesentliche. Der nutzlose Ballast, an dem viele Menschen so schwer zu schleppen haben, schmilzt nach und nach wie Schnee in der Frühlingssonne, und Negatives und Dunkles muß – einem geistigen Gesetz folgend – abprallen, weil ihm keine Angriffsfläche mehr geboten wird.

Es ist erstaunlich, wie wenige Menschen noch begeisterungsfähig sind, ganz gleich wofür. Begeisterung ist der Zündstoff für Freude, die, wie es bei Schiller heißt, »die Räder in der großen Weltenuhr treibt«. Ist es die Übersättigung auf allen Lebensebenen, die in eine derartige Trostlosigkeit führt? Wie schwer ist es oft, jemandem eine Freude zu machen.

Bequemlichkeit schwächt die Willenskraft und führt zu Verweichlichungen, die wiederum Körper und Geist schwächen. Sie sind die Eintrittspforten auf subtiler Ebene für unerlöste Wesenheiten, gefährliche Elemente, die Besitz von einer Seele ergreifen möchten. Diese Inbesitznahme kann sich durch eine zerstörerische Sucht oder krankhafte Begierde und Wahnvorstellungen, so wie auch durch unbezwingliche Leidenschaften äußern. Wer sich aus derartiger Umklammerung befreien will, bedarf eines starken Geistes und eines disziplinierten Lebens. Der Prozeß bis zur endgültigen Befreiung kann sehr langwierig sein.

Der sicherste Weg, sich selbst vor derartigen Eingriffen zu schützen, die aus anderen Ebenen kommen, die aber gerade heute sehr häufig sind – viel häufiger als wir ahnen –, ist ein Leben in Disziplin und Ordnung. Bei derartigen psychischen Störungen können auch die stärksten Medikamente keine Heilung bringen, weil sie keine Krankheit im üblich verstandenen Sinne sind, sondern Eingriffe aus anderen nichtmateriellen Bereichen, die sich bis in die Körperlichkeit auswirken. Mit Medikamenten wird nur die Ruhigstellung des Körpers und der Psyche erzielt, aber die Ursache nicht behoben. Abgesehen von den Schäden, die die meisten sehr schweren Medikamente, die in solchen Fällen eingesetzt werden, hervorrufen, wird die Willenskraft noch mehr geschwächt, und viele Menschen, die in dieser Weise belastet sind, sind jahrelange Bewohner von psychiatrischen Instituten und bleiben häufig bis an ihr Lebensende seelische Krüppel, weil hier andere Behandlungsmethoden eingesetzt werden müßten. Da den meisten Ärzten die Ursache der »vermeintlichen« Krankheit verborgen bleibt, können sie mit ihren Heilmethoden nichts ausrichten.

Heute sind Eltern häufig bemüht, ihren Kindern das Leben so angenehm und bequem, wie es eben geht, zu machen. Damit tun sie ihnen keinen Gefallen, denn dadurch werden sie zu verweichlichten Egoisten erzogen. Es ist durchaus nicht verwunderlich, wenn diese Kinder Schwierigkeiten im Leben und in mitmenschlichen

Beziehungen haben, ganz abgesehen davon, daß ihnen der spirituelle Weg, den jede Seele einmal gehen muß, um wieder in die göttliche Harmonie und Einheit zu gelangen, in diesem Leben verschlossen bleiben kann. Ein zur Trägheit erzogener Mensch scheut jede Anstrengung.

Vielen Menschen ist es zur Gewohnheit geworden, sonntags und an freien Tagen bis in den späten Vormittag im Bett liegen zu bleiben. Selbst bei vielen Kindern ist das während der Ferien üblich. Mit dem notwendigen, von der Natur geforderten Ausgleich von Ruhe und Bewegung hat das nichts zu tun, eher widerspricht ihr das. Wohl gibt es verschieden veranlagte Menschen: die einen sind Frühaufsteher, die am Morgen ihre beste Zeit haben, die anderen können abends und in der Nacht am besten arbeiten. Wahrscheinlich haben Ernährung und Lebensweise darauf Einfluß. Zeitiges Aufstehen und zeitiges Schlafengehen ist die gesündeste Lebensweise für Körper und Seele. Ein Schüler des Geistes sollte nicht in den erwähnten Schlendrian verfallen. Ebenso ist es eine Unsitte, sich im Schlafanzug, vielleicht noch ungewaschen und ungekämmt, an den Frühstückstisch zu setzen. All diese Angewohnheiten stehen im Widerspruch zur geistigen Entwicklung und Disziplin. Sie schwächen den Menschen dort, wo er erstarken sollte.

Bequemlichkeit greift auch in das Ordnungsprinzip ein. Ordnung sollte sowohl im Äußeren als auch im Inneren bei einem Schüler des Geistes mit an erster Stelle stehen. Bequemlichkeit wirkt diesem Prinzip aber entgegen.

Es gilt, für den geistigen Weg vorbehaltlos zu prüfen, wo Trägheit und Bequemlichkeit die Hindernisse darstellen, die uns nicht vorwärtskommen lassen.

Auf dem spirituellen Weg, auf der Suche nach Gott, auf dem Weg der Verwirklichung und Befreiung, auf dem Weg zu Vollkommenheit dürfen Bequemlichkeit, Trägheit und Lauheit nicht geduldet werden. Dazu bedarf es einer Disziplinierung des täglichen Lebens.

Im zehnten Kapitel des Johannes-Evangeliums wird auf ein Psalm-Wort (Ps. 82,6) Bezug genommen: »Ihr seid Götter und allzumal Kinder des Höchsten.«

Mit dieser Aussage wird uns unser Ziel klar vor Augen geführt, das durch ein anderes Christus-Wort: »Werdet vollkommen, wie mein Vater vollkommen ist«, noch unterstrichen wird. Wenn der Mensch auch noch so sehr in der Verstrickung seines niederen Egos mit manchen Unvollkommenheiten steckt, so kann ihm sein – wenn auch unendlich lang erscheinender – Weg nicht deutlich genug gemacht werden. Dies hohe Ziel könnte sicher nicht erreicht werden, wenn Gottes Gnade dem Menschen nicht immer wieder Möglichkeiten zur Verwirklichung böte. In Seiner All-Liebe räumt er ihm auch viel mehr Zeit dafür ein als nur sechzig, siebzig oder achtzig Jahre eines einzigen Lebens. »Gott will Götter«, sagte Novalis. Bis zur Erreichung dieses Zieles können Äonen vergehen.

Zur täglichen Pflicht des Pythagoräers gehörte es, am Abend eine Rückschau auf den Tag zu halten. Solch eine Rückschau, wenn sie ehrlich und rückhaltlos durchgeführt wird, könnte eine große Hilfe für den Schüler des Geistes sein, um festzustellen, in welchen Situationen des Tages er der Bequemlichkeit und der Trägheit unterlegen war. Nur so kann er seine Schwächen erkennen und sich bemühen, ihnen zu begegnen.

Erst wenn dieser »alte Mensch« durchlichtet ist und sich eine Neugeburt im Geiste vollzieht, ist der Verwandlungsprozeß eingeleitet.

Von der Wichtigkeit der Selbstanalyse

Nicht nur für den geistigen Weg, sondern auch für die Bewältigung des äußeren Lebens ist die Selbstanalyse und Selbstbeobachtung wohl die wichtigste Übung für einen Geistschüler. Wenn das Leben in Harmonie und Ordnung verlaufen soll, ganz gleich ob im Beruf, in der Ehe oder in jeder anderen mitmenschlichen Beziehung, müssen diese beiden Entwicklungshilfen ihre Anwendung finden.

Für einen Schüler des Geistes sollten sie eine tägliche Schulungsaufgabe, ein tägliches Training sein.

Der Lernprozeß beginnt damit, daß der Schüler sich öfter am Tag an diese Übung erinnert und sie ausführt, sich selbst beobachtet, sein Denken und Sprechen kontrolliert. Es gibt immer Möglichkeiten, beim einen mehr, beim anderen weniger – je nach Lebensbereich –, diese Schulung durchzuführen, besonders dann, wenn Schwierigkeiten aufgetreten sind oder die innere Ordnung gestört oder in Gefahr ist.

Ein guter Anfang wäre schon gemacht, wenn der Schüler wenigstens jeden Abend, das kann auch im Bett vor dem Einschlafen geschehen, eine Selbstanalyse, ein kritisches Nachdenken über die Vorkommnisse des Tages anstellen würde.

Man sollte diese Selbstbefragung in aller Ehrlichkeit vornehmen, ohne sich zu schonen, aber auch ohne Selbstbeschuldigung, sozusagen neutral und als Beobachter.

Diese Selbstbetrachtung ist zugleich eine wertvolle Konzentrationsübung. Man sollte sich klarmachen, daß sich ohne Konzentration auch auf anderen Lebensebenen nichts Fruchtbares entwickeln kann.

Selbstanalyse in unserem Sinne bedeutet, das ganze Tagesgeschehen kontinuierlich zu überdenken, sich alle Situationen und Einzelheiten wieder vor Augen zu führen und sich der damit verbundenen Gefühle zu erinnern. Gerade die Gefühlsregungen sind besonders aufschlußreich. Sie können uns Wesentliches enthüllen. Entstanden Gefühle des Neids, gar des Hasses, der Abneigung, die sich im Rückblick noch erkennen lassen? Die positiven Gefühle wie Zuneigung, Liebe, Anerkennung sind ebenfalls wichtig für uns, wenn wir sie empfunden haben. Sie sollten nicht unbeachtet bleiben. Die unguten Gefühle dagegen zeigen deutlich an, wo noch etwas im Argen liegt. Hier eine Umwandlung herbeizuführen sollte dann unser Bemühen sein. Dabei ist es natürlich wichtig, daß wir uns alles Gesprochene wieder ins Gedächtnis zurückrufen, um die Reaktionen überprüfen zu können. Sie führen uns vor Augen, wo und wie es zu Fehlreaktionen gekommen ist.

Bei dieser Erinnerungsübung ist es auch von großem Nutzen, sich zusätzlich noch mit einer Situation des vergangenen Tages ganz besonders zu beschäftigen und sie bis in alle Einzelheiten wieder zu beleben; die Gedanken und Empfindungen, die mit ihr verbunden waren, und das eigene Verhalten sollte bis ins Detail überprüft werden. Dagegen aber sollten Selbstbeschuldigungen über unrichtiges Handeln vermieden werden. Gemeint ist also eine unparteiische, objektive Betrachtung, wobei nicht nur das eigene Verhalten, sondern auch das der anderen zu reflektieren wäre, um daraus wichtige Schlüsse zu ziehen. Durch diese Übung lernen wir die Kraft des eigenen Egos kennen und verstehen.

Hierbei ist es wichtig, nicht nur die Situationen klar zu erfassen und anzuschauen, wie es ein Außenstehender täte, sondern auch die möglichen Korrekturen durchzuspielen, wie sie aus einem gewissen Abstand beurteilt werden könnten. Sich Vorwürfe zu machen wäre nicht sinnvoll; besser wäre es, die Energie auf eine innere Umstellung zu verwenden.

Es ist nützlich und erstrebenswert, wenn es möglich und notwendig erscheint, eine Berichtigung auch wirklich vorzunehmen. Wir könnten uns – wenn wir einem anderen gegenüber mit zu scharfen Worten reagiert hätten – offen und ehrlich entschuldigen und die Mißstimmung in Ruhe mit ihm besprechen. Es brauchen nicht viele Worte darüber gemacht zu werden, vielmehr genügt es, zuzugeben, daß unsere Reaktion nicht angemessen gewesen ist und es uns leid tut. Je nach Situation werden sich bei gutem Willen auf beiden Seiten die geeigneten Worte einstellen. Diese Chance sollten wir nie unbeachtet lassen, wenn sie im Bereich des Möglichen liegt.

Die Korrektur in der Selbstanalyse ist darum von großem Nutzen, weil sie auch ins Unterbewußtsein eingeht und von dorther für kommende Fälle wirksam wird. Auf die Dauer werden wir uns seltener zu Fehlhandlungen und Fehlverhalten hinreißen lassen, und sie verschwinden mehr und mehr. Schließlich handeln und sprechen wir nicht mehr übereilt, sondern bedacht und mit einem gewissen inneren Abstand.

Wenn diese tägliche Übung in der rechten Weise durchgeführt wird, hat sie auf die spirituelle Entwicklung eine unschätzbare Auswirkung. Ganz abgesehen davon, daß sie die Konzentrationsfähigkeit enorm erhöht, schärft sie den Geist und schult das Denken.

Durch die Übung der Selbstanalyse und Selbstbeobachtung kommen wir zu guten Einsichten und Erkenntnissen, die ausbleiben würden, wenn wir über die Einzelheiten des Tagesgeschehens unachtsam weggingen und sie nicht durch eine Wiederbelebung noch einmal objektiv anschauen würden.

Nach einer verhältnismäßig kurzen Zeit schon erfährt der Schüler des Geistes durch diese Übung ein gutes Maß an bereichernden Erfahrungen. Er bemerkt beglückt, daß er seltener falsch und unachtsam reagiert, daß sein Gemützustand ausgeglichener wird, er also um ein Stück weitergekommen ist.

Einen mindestens ebenso großen Nutzen erfährt der Schüler dadurch, daß er zu einer wahrhaft tiefen Selbsterkenntnis kommt, denn: Wie könnte er wohl an sich Veränderungen wahrnehmen und vornehmen, wenn ihm seine Fehler und Schwächen, unangenehme Gewohnheiten und Eigenschaften nicht bewußt würden?

Selbsterkenntnis zu erwerben ist keine leichte Lektion auf dem langen Weg zur Meisterschaft, aber ohne sie könnte keiner sein Ego überwinden, um zum Selbst zu gelangen.

Toleranz

Unter Toleranz verstehen wir im allgemeinen, die Meinung eines anderen zu akzeptieren, sein Anderssein, sein Andersdenken nicht zu kritisieren, ihn so zu lassen, wie er augenblicklich ist.

Da der vorbestimmte Weg eines jeden Menschen Aufwärtsentwicklung ist, was Veränderung, Fluß und niemals Stillstand bedeutet, sind wir in einiger Zeit sicher auch nicht mehr der Mensch, als der wir augenblicklich noch erscheinen. Schon im Hinblick auf diese steten Veränderungen wäre Intoleranz ganz unangebracht.

Das Fehlen der Toleranz bedingt ein Festhalten an Meinungen und Bildern, die vielleicht jetzt noch als absolute Wahrheit und unumstößliche Richtigkeit angesehen werden. Intoleranz ist ebenfalls eine Fessel auf dem eigenen Evolutionsweg, weil sie keine andere Meinung gelten läßt oder auch nur in Betracht zieht. Man könnte sie eine Schwester des verwirrenden und unheilvollen Dogmatismus nennen.

Auf dem geistigen oder esoterischen Weg sollte die allgemeine Auffassung über Toleranz noch etwas eingehender beleuchtet werden, weil eine detaillierte Deutungsweise für den eigenen Weg hilfreich sein kann. Eigentlich bedürfte der Begriff Toleranz, wenn er richtig verstanden würde, keiner weiteren Erklärung. Es haben sich aber Auslegungen und Vorstellungen eingeschlichen, die nicht unbeachtet bleiben sollten.

Toleranz in ihrer wahren Bedeutung ist schon darum eine Voraussetzung für die eigene Entwicklung, weil jedes Individuum seinen persönlichen Weg zu gehen hat, bedingt durch die vielen Präexistenzen mit ihren genutzten und ungenutzten Gelegenheiten, so daß jeder Lebensstrom mit anderen Voraussetzungen, mit seiner ganz individuellen Erfahrung in seine augenblickliche Existenz eingetreten ist. Wie unterschiedlich die Wege der Entwicklung dann sein müssen, läßt sich daraus folgern. Betont werden sollte aber noch, daß jeder Weg, so verschieden er von denen anderer auch sein mag, dennoch den gleichen Lebensgesetzen unterliegt und dasselbe Ziel hat.

Der Mensch fordert mehr und mehr seine geistige Freiheit. Eine damit verbundene Gesetzmäßigkeit bewirkt, daß sich nun auch mehr und verschiedenartige Wege zur Erlangung dieser Freiheit öffnen müssen, die durch die ausklingende Epoche des Dogmatismus und Materialismus gehemmt wurde. Wenn es den Anschein hat, daß unter den vielen Wegen auch Irrwege sind, so gehören sie sicher zum Schicksalsgang des Einzelwesens. Sie sind vielleicht die ersten Anzeichen des Vordringens zu einer tieferen Wirklichkeit. Selbst die kümmerlichsten und primitivsten Erlösungssekten können Anstöße zur ersten Annäherung an neue und bessere Wege bringen. Die Enge der dort oft vorgespiegelten Weite, die Vortäuschungen von vielversprechenden Einweihungswegen und oft die Primitivität der Lehren selbst, die zunächst einen Unwissenden und Kritiklosen faszinieren können, werden von ihm dann erkannt, wenn er bemerkt, daß er sich von einer dogmatischen Lehre löste und in eine andere hineinglitt. Dann ist der Zeitpunkt des Weitergehens gekommen, und ganz sicher werden sich dem Suchenden dann auch neue Wege öffnen, die ihn zu erweiterten Erkenntnissen und damit auch zu größerer Duldsamkeit führen.

Toleranz übt aber nicht einer, wenn er sich gleichgültig und desinteressiert gegen die Wahrheit, gleichgültig und desinteressiert gegen alles und jeden verhält. Eher könnte solch eine »gespielte« Toleranz einer Lethargie gleichkommen, die ein Sich-Baden und ein Sich-Wohlfühlen in der eigenen vermeintlichen Wahrheit ausdrückt.

Es gibt noch eine Form von irrtümlicher Toleranz, die, gelinde ausgedrückt, sentimentale Toleranz genannt werden könnte, die aber bei näherem Hinschauen sogar gefährlich ist. Diese gefährliche Toleranz geht so weit, daß sie selbst die Verpestung der Luft und die Verseuchung der Gewässer toleriert und trotz besserem Wissen immer noch die Böden der Vergiftung oder der Zerstörung aussetzt, die der Lebensraum von Mensch, Tier und Pflanze sind. Es ist verständlich, daß sich jeder in einem solchen Fall nur im Rahmen seiner Möglichkeiten gegen die allgemeine Richtung stemmen kann, aber auch schon seine anders ausgerichteten Gedanken bewirken eine Bewegung im Allgemeinbewußtsein.

Noch in den letzten beiden Kriegen gab es religiöse Instanzen, die eben aus dieser gefährlichen Toleranz heraus imstande waren, die Waffen des eigenen Volkes zu segnen, obwohl sie wußten, daß Tausende von Menschen durch sie ums Leben kommen würden, die damit das Gottesgebot »Du sollst nicht töten« ignorierten und Ja und Amen zu unverantwortlichem Tun sagten, aus welchem Grunde auch immer.

Ich wollte nur einige Aspekte andeuten, die uns vor Augen führen sollten, daß wir immer, wenn wir von Toleranz sprechen, auch wissen sollten, wovon wir sprechen.

An sich ist der Begriff Toleranz eindeutig. Sie ist eine wesentliche Lektion auf unserem Entwicklungsweg. Es ist aber wohl ein Charakterzug unserer Zeit, daß manche Begriffe, die eindeutig sein sollten, durch raffinierte Formulierungen oder Manipulationen eine gefährliche Färbung bekommen, die oft so versteckt ist, daß ein Unwissender und Unterscheidungsunfähiger sie nicht erkennt, so daß er in eine üble Falle gelockt werden kann und sein vermeintlich gerader Weg gar nicht mehr so gerade ist. Deshalb ist es notwendig für jeden, Unterscheidungsvermögen zu entwickeln.

Die wahre Toleranz ist eine göttliche Tugend, von der wir nur hoffen dürfen, daß Gott sie uns gegenüber auch walten läßt. Im tiefsten Grunde rechnet sogar fast jeder damit, weil die Seele weiß, daß dem so ist, sonst würde der Schöpfer uns nicht immer wieder eine Gelegenheit durch erneute Leben geben, Verfehlungen, und seien sie noch so groß, ausgleichen zu können, anstatt uns, wie die katholische Kirche lehrt, in eine ewige Verdammnis zu stürzen. Immer und immer wieder bieten sich uns Möglichkeiten, Ausgleich zu schaffen – Gottes Gesetze sind darin unübertrefflich. Und diese Toleranz läßt jedem volle Freiheit in der Wahl seiner Wege und Bemühungen. Auf dem geistigen Weg gibt es keine Bevormundung, höchstens ein wohlwollendes, helfendes Hinweisen und Aufmerksammachen, und das auch nur in der richtigen Dosierung. Viele müssen durch bittere Erfahrungen gehen, ehe sie durch Erkenntnis lernen wollen. Der geistige Weg formt freie, mündige Menschen, die bereit sind, auch Schwierigkeiten als Mittel zum Lernen anzuerkennen.

Es tut jeder gut daran, wenn er sich Vorbilder sucht, solche, die ein unbestreitbar großes Format haben; einen Lehrer, der es dem Schüler selbst überläßt, ob er seine Lehren annehmen will oder nicht. Ein solcher Lehrer wird nur die Menschen in den Kreis seiner Schüler aufnehmen, die sich die notwendige Disziplin selbst auferlegen, die dieser Weg fordert. Ein guter Lehrer weiß, daß Toleranz ein fruchtbarer Boden für die Entwicklung ist. Toleranz ist Zwanglosigkeit, ist Respektieren des freien Willens. Wenn wir das alles bei einem Meister und Lehrer finden, dürfen wir ihm unser Vertrauen schenken.

Über das Zusammenleben

Der Wunsch zweier Menschen, gemeinsam durchs Leben zu gehen, wird durch Unterschrift und Siegel von Seiten des Staates und – wenn gewünscht – auch von der Kirche bekräftigt. Damit fiel, bis noch vor nicht langer Zeit, ein Schloß zu. Eine Tür wurde geschlossen, die nur sehr schwer wieder geöffnet werden konnte.

In dem Bewußtsein, unauflöslich aneinander gebunden zu sein und durch staatliche und kirchliche Gesetze gegenseitige Besitzansprüche zu haben, spielte sich dann oftmals in den Familien ein Geschehen ab, das wenig Spielraum für eine persönliche Entwicklung, besonders der Frau, zuließ. Jedem von uns sind sicher Tragödien und Komödien bekannt, die das Leben schrieb, und wir können sie auch heute noch täglich aus Zeitungen und Illustrierten erfahren.

Mir scheint, daß der Mensch sich von diesen Vorstellungen des Zwangs langsam befreit, und dadurch wächst er in eine Selbstverantwortung und Selbstentscheidung hinein, die es ihm ermöglicht, das zu leben, wozu er sich durchgerungen hat, das zu verwirklichen, was er erkannt hat. Daß hiermit die geistige Entwicklung gemeint ist, braucht wohl nicht mit Nachdruck betont zu werden.

Im Laufe der kommenden Zeit wird sich der Mensch zu einer ethischen, moralischen und humanen Reife entwickeln, die derartige Zwänge nicht mehr zuläßt. Dadurch wird sich das Gefühl für seine Verantwortung sich selbst und seinen Mitmenschen gegenüber steigern, das getragen und genährt wird von einer Liebe, die nicht mehr auf Besitzanspruch und sexueller Befriedigung, welche Ursache geistiger Unfreiheit sind, beruht.

Selbst wenn wir das karmische Gesetz von Ursache und Wirkung für das Leben mit seinen positiven, negativen und manchmal katastrophalen Auswirkungen und Begleiterscheinungen zugrunde legen, so liegt es doch am einzelnen, wie er durch Beachtung der Lebensgesetze und durch Lernen der noch nicht bewältigten Lektionen – die ihn ja in diese Inkarnation führten – sein Karma in den Griff bekommt. Karma, ob gut oder weniger gut, bedeutet ja nicht, dem Schicksal bedingungslos ausgeliefert zu sein. Es liegt am Bemühen des einzelnen, es durch bewußtes Tun abzuarbeiten und umzuwandeln, indem er ihm Positives und Gutes entgegensetzt, im Denken wie im Handeln.

Wenn die Menschen in der vollen Strahlung des Wassermann-Zeitalters, eines geistigen Äons, dem wir uns jetzt zuwenden, leben, werden Humanität, Ethik und Moral die Seelen erhellen, und es bedarf keiner äußeren Gesetze mehr, die sie in einen persönlichen Zwang führen. Mag diese Vorstellung für manche noch utopisch klingen, so können wir doch bemerken, daß schon deutlich sichtbare Bestrebungen dafür vorhanden sind. Selbst Goethe war schon davon überzeugt und sagte am 9. 6. 1787, daß er es für wahr halte, daß endlich die Humanität siegen werde. Allerdings befürchtete er zu gleicher Zeit, daß die Welt dann ein großes Hospital und einer des anderen Krankenwärter sein werde. Goethe hat aber wohl nicht vorausgesehen, daß zu unserer Zeit durch die gewachsene Humanität große Hospitäler und immer noch mehr und größere gebaut würden, die diese Aufgabe übernehmen.

Es ist eine Gesetzmäßigkeit, daß alles, was der Gesamtevolution im Wege steht, sich selbst zerstört. Das lehrt uns die Vergangenheit, aber auch die Gegenwart.

Der Gang der kosmischen Entwicklung und unausbleibliche Ereignisse werden diese geistige Umformung unterstützen. Wer sich aus dem materiellen und nur diesseitsbezogenen Denken erhebt, dessen Horizont darf sich ins Kosmische ausweiten und dadurch bekommt er eine Sicht, die den begrenzten Raum weit überschreitet.

Das harmonische, glückliche und im Sinne einer geistigen Entwicklung geführte Zusammenleben, wonach sich im Grunde doch jeder Strebende sehnt – sei es in der Ehe, in der Familie oder in sonst einer Lebensgemeinschaft –, beruht auf Beachtung einiger Regeln.

Die erste und wichtigste Erkenntnis sollte zur Gewißheit werden, daß es in Wahrheit und Wirklichkeit niemals eine Trennung im Geiste gibt, auch wenn der Mensch die physische Hülle abgestreift hat. Unter der Vorstellung, daß der physische Tod eine brutale Trennung von Zusammengehörigen sei, leiden viele. Wer sich mit seiner göttlichen, unsterblichen Natur identifizieren kann, wird auch keine Trennung mehr empfinden. Die *Vorstellung* einer Trennung ist es, die diese erst schafft. Jede weitere fruchtbare Entwicklung muß sich auf diesem Wissen aufbauen, wenn echte Ergebnisse in der Suche nach Freiheit, Wahrheit und Befreiung angestrebt werden.

Die Gewißheit des nie Getrenntseins und nie Getrenntwerdens wirkt beruhigend und beglückend, sie befreit uns von Angst und von der Furcht vor Einsamkeit. Wie könnte diese Wahrheit treffender ausgedrückt werden als durch die Worte von Kahlil Gibran, einem arabischen Weisen: »Ihr bleibt vereint, wenn die weißen Flügel des Todes eure Tage scheiden.«

Und weiter rät Gibran für das Zusammenleben:

»Doch lasset Raum zwischen eurem Beieinandersein.
Und lasset Wind und Himmel tanzen zwischen euch.
Liebet einander, doch macht die Liebe nicht zur Fessel.
Schaffet eher daraus ein webendes Meer zwischen den Ufern eurer Seelen.
Füllet einander den Kelch, doch trinket nicht aus *einem* Kelche.
Gebet einander von eurem Brote, doch esset nicht vom *gleichen* Laibe.«

Gibran wußte um die fruchtbaren und notwendigen Stunden des Alleinseins, die jede Seele zu ihrer eigenen Entwicklung und zu ihrer Selbstfindung braucht.

»Singet und tanzet zusammen und seid fröhlich,
doch lasset jeden von euch auch allein sein.«

Das Füreinander und Beieinander im Zusammenleben sind Grundpfeiler eines harmonischen, glücklichen Lebens. Auch hier wußte er eine feine Linie zu ziehen:

»Und steht beieinander, doch nicht zu nahe beieinander:

Denn die Säulen des Tempels stehen einzeln.
Und Eichbaum und Zypresse wachsen nicht im gegenseitigen Schatten.«

Zen – Der Weg in die Wachsamkeit

Ich möchte versuchen, einige Gedanken zum Weg des Zen, der auch bei uns im Westen nicht mehr fremd ist, zu vermitteln.

Zen ist im Buddhismus entstanden und als eine Meditationsform bekannt, die häufig auch in Klöstern praktiziert wird. Wenn sie unter der Leitung eines Zen-Meisters, eines Roshi, ausgeübt wird, darf man als sicher annehmen, daß dem Wesen des Zen entsprochen wird unter Berücksichtigung unserer westlichen Lebensverhältnisse.

Ein Zen-Meister muß, bevor er die Roshi-Würde zuerkannt bekommt, viele Jahre als Zen-Mönch bei einem Meister im Tempel gelebt und geübt haben, was meistens in Japan oder China geschieht.

Als Vorbemerkung sei erwähnt, daß der Buddhismus, der ja eine Hochreligion des fernen Ostens auch noch in der Gegenwart ist, nicht als Religion entstanden ist, sondern als Lebensphilosophie. Erst später wurde die Lehre zu einer Religion.

Buddha lehrte, daß alles Dasein leidvoll sei. Geburt ist Leid, sagte er, Alter ist Leid, Tod ist leidvoll, und leidvoll ist es auch, mit jemandem vereint zu sein, den man nicht liebt, von jemandem getrennt zu sein, den man liebt, leidvoll ist, das nicht zu erreichen, was man sich wünscht. Der Ursprung des Leids ist der Hunger nach Befriedigung der äußeren und inneren Sinne. Buddhas Lehre liegt die Idee der Entwicklung des Menschen zugrunde – auf der physischen wie auch auf der inneren Ebene. Die Disziplinen seiner Lehre sollen den Schüler aus Leid in die Leidlosigkeit führen, in die Befreiung. Der sogenannte »Achtfache Pfad«, den Buddha lehrte, führt den Menschen in einen hohen Daseinszustand, ins *Nirvana*, das diesem Gesetz des Leidens nicht mehr unterliegt. Dieser von Buddha nach seiner Erleuchtung unter dem Bodhi-Baum vorgezeichnete Pfad, den er als Vollendeter vorausging, war keine religiöse Anweisung, hatte in seinem Ursprung weder Opfer noch Ritus, noch Dogmen, noch Sakramente. Er hat zu seinen Schülern nie darüber gesprochen, was er im Zustand seiner Erleuchtung erfuhr und erlebte. Erleuchtung ist ein Bewußtseinszustand, der jenseits von Wort und Bild liegt. Buddhas Pfad führt zum Nirvana, wenn er bedingungslos und konsequent gegangen wird, in die Leidlosigkeit, in die Befreiung, in das Nichts. Nirvana wird meistens vom abendländischen Menschen aus Unkenntnis und mangelndem Einblick in die östliche Mentalität völlig mißverstanden, indem das »Nichts« wörtlich genommen wird. Das Nichts im buddhistischen Sinne bedeutet: keinerlei Haftung mehr zu unterliegen, wunschlos und begierdenlos zu sein, frei von Haß, Eifersucht, Neid und Bindungen irgendwelcher Art.

Der Achtfache Pfad beinhaltet: Rechte Einsicht, rechte Gesinnung, rechtes Reden, rechtes Handeln, rechtes Leben, rechte Absichten, rechte Andacht, rechtes Versenken. »Das ist die Wahrheit vom Weg, der zur Vernichtung des Leides führt«, sagte Buddha, »die heilige Weisheit vom Achtfachen Pfad.« Alle Konzentration soll auf diese acht Aspekte des Pfades gerichtet bleiben, und keine Ablenkung soll zugelassen werden. Der Weg entspricht der Erkenntnis eines Vollendeten. Dem überentwickelten Verstand der Nichtvollendeten fällt es aber sehr schwer, das Einfache und doch so schwer Lebbare anzunehmen.

Etwa tausend Jahre nach Buddha ging ein indischer Weiser, Bodhidharma, wieder zu den Quellen des Achtfachen Pfades zurück, die er mit der alten Weisheit Indiens in ein neues Konzept brachte. Er wanderte nach China und kündete dort von dieser Lehre, die er Ch'an nannte, was im Indischen Dhyana heißt. Dhyana weist auf die Erleuchtung hin, die durch Übung der Meditation erreicht wird.

Die chinesische Definition für Ch'an ist:

Die Methode der Übermittlung ohne Heilige Schriften – jenseits von Wort, Bild und Buchstaben, die in das Wesen des menschlichen Geistes zielt; die ihm ermöglicht, sein wahres Wesen unmittelbar zu erkennen und zu erfahren, und ihn dadurch erleuchtet.

Wie kann aber etwas übermittelt werden, was jenseits von Wort und Buchstaben liegt? Einzig und allein, indem der Meister es vorlebt und der Schüler versucht, was er hört und sieht – die geistige Haltung des Meisters, intuitiv zu begreifen, in sich aufzunehmen und dann umzusetzen. Hierbei handelt es sich also nicht um eine Theorie, die gelehrt wird, sondern um das Leben selbst, das gelebt und verstanden werden muß. Allerdings liegt der Akzent auf etwas ganz anderem, als gemeinhin aus unserer Sicht unter »Leben« verstanden und gesehen wird. Gegen Ende des 12. Jahrhunderts kehrte ein japanischer Mönch in seine Heimat zurück, aus China kommend, wo er dem Ch'an begegnet war und von ihm durchdrungen wurde. Er gründete in Japan das erste Zen-Kloster. Zen ist das japanische Wort für Dhyana, Meditation. Es ist interessant, daß der Same in Indien gelegt wurde, in China aufging und dann in Japan seine Blüten entfaltete und darum meistens Japan als das Ursprungsland des Zen genannt wird.

Über Jahrhunderte hat sich das Mysterium des Zen erhalten und faßt jetzt auch Fuß bei uns im Westen. Er könnte wie eine Modeerscheinung anmuten, aber sicher trifft dies nicht immer zu, denn irgendwo sind stets Menschen unterwegs, die in das Mysterium aus einem inneren Bedürfnis heraus mit ehrlichem Herzen einzudringen wünschen; Menschen, die des unbefriedigenden Theoretisierens über Religion müde geworden sind, weil es immer an ihrem wahren Wesen vorbeiführt und nicht über den Kopf hinauszugehen vermag.

Da das Leben Fluß, Bewegung, Veränderung ist, so haben sich im Laufe der vielen Jahre auch im Zen verschiedene Richtungen entwickelt. Aber an der Meditation halten sie alle fest, wenn sich auch die einzelnen Methoden voneinander unterscheiden. Die Meditation ist der einzige Weg zur Entschleierung des eigenen Wesensgrundes.

Jeder Schüler des Geistes weiß – ganz gleich, welchen Weg er geht und welche Meditationsform er in seinen Übungsweg einbezogen hat, daß es sehr schwer ist, das Denken zu beruhigen. Der Zen-Weg hat dafür Übungen entwickelt, die dem Schüler helfen, das zähe Ringen mit den Gedanken zu bewältigen.

Den Anfängern wird die Übung aufgegeben, still zu sitzen und die Atemzüge zu zählen, aber nur von eins bis zehn und dann wieder zurück, in ständiger Wiederholung. Und welcher Anfänger weiß nicht, wie schwierig das ist, die Konzentration auf das Zählen durchzuhalten. Die aus seinem Grund aufsteigenden Gedanken lenken den Übenden unbemerkt ab, so daß er diese Ablenkung oft erst wahrnimmt, wenn er mit dem Zählen schon bei 30, 40 oder 50 angekommen ist, oder gar das Zählen ganz vergessen hat und im Meer seiner Gedanken schwimmt. Der Fortschritt in seiner Übung ist daran zu messen, inwieweit die Ablenkung immer seltener wird.

Das Hauptanliegen im Zen ist die Loslösung aus jeglicher Umklammerung. Der Zen-Schüler braucht den sogenannten Wohlstand nicht zu meiden, wenn dieser ihn nicht festhält. Wird er ihm aus irgendeinem Grunde genommen, dann sollte er ihn ohne Schmerz und Bedauern loslassen können.

Der Zen-Mönch dagegen, der in einem Kloster lebt, führt ein Dasein in geradezu spartanischer Einfachheit. Seine Nahrung ist sehr einfach, ebenfalls seine Kleidung, aber die Arbeit, die er zu verrichten hat, ist hart. Diese Lebensweise bringt ihm die Erkenntnis, »daß der Mensch in Wirklichkeit nackt ist, wie sein wahres Wesen ebenfalls nackt ist«, wie es im Zen heißt. Reichtum, ein brillanter Verstand, alle Bildung und auch leibliche Gesundheit erkennt er als Aspekte des vergänglichen Lebens, die dem Weg ein großes Hindernis sein können, weil der Schüler sich zu leicht von ihnen blenden läßt und es sehr schwer ist, sich aus dieser Umklammerung zu lösen.

Eine andere Übung im Zen, die sich erst später entwickelt hat, ist der sogenannte Ko-an, der dem Schüler oder Mönch aufgegeben wird. Der Ko-an ist ein Sinnspruch, der offensichtlich gar keinen Sinn hat, höchstens Widersprüche aufzeichnet. Entweder ist er gar nicht zu lösen oder wenn, dann nur intuitiv. Er hat den Sinn, das Denken von einer anderen Seite her anzugreifen. Einer der bekanntesten und berühmtesten ist:

»Mit leeren Händen gehe ich dahin,
Und siehe, der Spaten ist in meinen Händen.
Ich gehe zu Fuß und reite auf dem Stier;
Ich stehe auf der Brücke und blicke hinab;
Und siehe, das Wasser steht, die Brücke schwimmt.«

Dieser Ko-an, so sinnverwirrend er erscheint, soll den Schüler daran erinnern, daß er nicht der vergängliche Körper ist. Der Stier, der auf fremden Wiesen grast, ist im Osten das Symbol des ruhelosen Geistes.

Viele Zen-Meister verwenden und geben dem Schüler keinen Ko-an, im Gegenteil sprechen sie sich dagegen aus. Sie sind der Ansicht, daß das Leben selbst das größte Rätsel ist, das es zu lösen gilt, und die Ko-ans nur unnötige Umwege darstellen, die die Erreichung des Zieles hinausschieben. Der häufig philosophische Hintergrund in ihnen, der das logische Denken fördert, ist an sich das Gegenteil von Zen.

Ein Ko-an fördert geradezu die Intensivierung des Denkens, und davon will Zen sich ja lösen. Der eigentliche Übungszweck im Zen ist, den Trieb zum Denken aufzugeben und sich davon zu befreien. Das ist der Grund, warum sich viele Zen-Meister gegen einen Ko-an aussprechen.

Daß es so ist, sagen uns zwei Zen-Anekdoten großer Meister, die diese Richtung vertreten:

»Gibt es etwas in der Welt, dessen Wert unschätzbar ist?« fragte jemand So-Zan, einen chinesischen Zen-Meister.

»Ja«, antwortete dieser, »den Kopf einer toten Katze.«

»Wieso?« fragte der verblüffte Besucher.

»Weil niemand einen Preis dafür verlangen noch bezahlen würde.«

Und die andere Anekdote:

Jo-Shu begann, sich dem Zen zu widmen, als er sechzig Jahre alt war; mit achtzig Jahren fand er Satori, die Erleuchtung. Danach lehrte er, bis er mit hundertzwanzig Jahren starb.

Einst fragte ihn ein Schüler: »Was soll ich tun, wenn nichts mehr in meinem Geist ist?«

»Wirf es hinaus«, antwortete Jo-Shu.

»Aber wenn da nichts ist, wie kann ich es hinauswerfen?«

»Nun gut«, sagte Jo-Shu, »dann behalt es drin.«

In der traditionellen Yoga-Meditation werden die aufkommenden Gedanken vom Übenden immer wieder abgewiesen. In der Zen-Meditation werden die Gedanken nur beobachtet, wie von einem Außenstehenden, sie werden nicht abgewiesen, nicht unterdrückt. Im Laufe der Zeit steigen immer weniger Gedanken auf, wenn intensiv geübt wird, und dann stellt sich die große Stille von selbst ein.

Wie schon gesagt, sitzen Anfänger nur still und zählen ihre Atemzüge in der erwähnten Weise.

Eine der wohl am tiefsten greifenden Übungen im Zen ist die Forderung, jede, auch die geringste Handlung im Alltag mit voller Aufmerksamkeit und in vollem Bewußtsein zu vollziehen, was heißt, immer präsent zu sein, alles wach und bewußt zu tun und zu erleben, ganz gleich, um welche Tätigkeiten es sich handelt. Im Zen heißt es: »Wenn ich esse, dann esse ich, wenn ich ruhe, dann ruhe ich, wenn ich arbeite, dann arbeite ich.« Diese volle Präsenz ist auch eine Forderung des Yoga-Weges, die für die innere Entwicklung von ungeheurer Bedeutung ist. Es lohnt sich, einmal darüber zu meditieren, welche positiven Ergebnisse für den Alltag daraus erwachsen. Wie viele Fehlentscheidungen könnten durch absolute Wachsamkeit vermieden werden. Der Alltag und das Leben werden zu einer vollen Präsenz. Die geschulte Wachsamkeit und Achtsamkeit läßt jede Lebenssituation in uns voll aufleben, aber mit Abstand, der Emotionen nicht aufkommen läßt. Der Schüler erfährt alles wie ein aufmerksamer Zuschauer und nicht wie jemand, der in die Aktion selbst verwickelt ist. Darum kann er auch klarer sehen und erkennen.

Der Zen-Mönch muß wenigstens zehn Jahre bei einem Meister bleiben, wenn er selbst lehren möchte. Zehn Jahre in solch einer Entschiedenheit und Disziplin gelebt zu haben, verändert den Menschen von Grund auf. Was es heißt, auch die geringste Handlung im Alltag in voller Aufmerksamkeit zu vollziehen, sagt folgendes Beispiel.

»Ten-Ho hatte die Bedingung, zehn Jahre bei seinem Meister im Tempel gelebt zu haben, erfüllt und verließ seinen Tempel. Auf seiner Wanderung besuchte er den berühmten Meister Nan-In. Der Tag war regnerisch; Ten-Ho trug Holzsandalen und einen Schirm. Nachdem sie sich begrüßt hatten, fragte der Meister den Besucher: »Ihr habt Sandalen und Schirm auf der Veranda gelassen. Ich wüßte gern, ob Euer Schirm rechts oder links von den Sandalen steht.« Darauf konnte Ten-Ho nicht antworten. Er erkannte blitzartig, daß sein Zen durchaus noch nicht so reif war, wie er angenommen hatte. Er wurde Schüler von Nan-In und blieb noch sechs Jahre. Erst dann war auch ihm jeder Augenblick seines Lebens von Zen durchdrungen.

Die meisten Menschen leben in einem sehr oberflächlichen Bewußtsein. Zen heißt, aus einer viel größeren Tiefe zu leben und das oberflächliche Bewußtsein ständig unter Kontrolle zu halten, so daß der Geist eine stets kontrollierende Tätigkeit entfaltet, die den Alltag zu überwinden befähigt.

Wenn die Loslösung aus der Umklammerung der Umwelt aber nicht mit der Loslösung vom eigenen Ich, vom Ego, einhergeht, dann besteht ohne Zweifel auch die Gefahr, daß sich das Ego hinter dem Kleid des Zen entwickeln kann. Auch das weiß Zen. Solch eine Entwicklung ist sehr bedauerlich und völlig fehlgeleitet. Sie wird deshalb niemals zum Endziel führen. Das Ego selbst ist die Verhaftung. Der Schüler wird sozusagen vor der Himmelspforte stehen bleiben, ohne hindurchgehen zu können. Die echten Früchte werden nur dem aufrichtig und konsequent Strebenden zuteil.

Auch die kleine Geschichte, die den Abschluß meiner Betrachtung bilden soll, macht die Loslösung aus der Umklammerung der Welt deutlich:

Zwei junge Mönche, Tan-Zan und Eki-Do, wanderten zusammen auf einem tief aufgeweichten, lehmigen Weg, und immer noch ging schwerer Regen nieder. An einer Kreuzung sahen sie ein reizendes junges Mädchen in seidenem Kimono und weißen Strümpfen stehen, ratlos verlegen, wie sie diesen Lehmschlamm überqueren könnte. »Komm, Mädchen«, sagte Eki-Do, hob die Zierliche auf wie ein Kind und trug sie hinüber. Nach freundlichem Abschiedsgruß kehrte er zurück und hatte den inzwischen weitergegangenen Gefährten bald eingeholt. Aber das frühere Gespräch wollte nicht wieder in Gang kommen. Tan-Zan blieb einsilbig, bis sie den Tempel erreicht hatten, in dem sie übernachten wollten. Dann konnte er sich nicht mehr zurückhalten. »Die Ordensregel befiehlt dem Mönch, sich allen Frauen fernzuhalten, ganz besonders aber den jungen und reizvollen. Wie konntest du so dagegen verstoßen?« Eki-Do antwortete lächelnd: »Ich habe die Dame dort gelassen, wo ich sie abgesetzt habe; trägst du sie immer noch mit dir herum?«

Über Sensitivität und Sensibilität

Mancher Schüler begibt sich auf den geistigen Weg mit bestimmten Vorstellungen und dem Wunsch nach Entfaltung seiner inneren Kräfte. Das erste Streben gilt meistens der Sensibilisierung der Sinne. Nicht immer ist es aber nur der ehrliche, aufrichtige und selbstlose Wunsch nach höheren Zielen, der den Schüler dazu antreibt und bewegt.

Nur jener, der Selbstlosigkeit entwickelt und aus Liebe zu seinem Schöpfer die eigene Vervollkommnung anstrebt als Erwiderung auf Seine Liebe, die ihn durch Äonen getragen hat, darf gewiß sein, daß ihm alle Hilfen und Segnungen zuteil werden, die er braucht, um dem ersehnten Ziel näher zu kommen. Schüler, die in dieser Gesinnung den Pfad zum Licht, zu Erlösung und Freiheit eingeschlagen haben, erfahren großen Segen, weil sie die harte Arbeit an sich selbst nicht scheuen.

Selbstlosigkeit und Liebe sind die Vorbedingungen für eine harmonische und kontinuierliche geistige Entwicklung, die wahrhaft in die geistige Freiheit führt. Auf diesem Weg stirbt das Ego, das immer wieder Entschuldigungen für Unzulänglichkeiten und Fehlhandlungen bereit hat, die es unbedingt zu überwinden gilt. Das Ego macht den Schüler blind, und nicht selten endet sein Weg im »Ego-Trip«, oder er war von Anfang an auf dieser Spur.

Der ehrlich Strebende dagegen gewinnt zunehmend an innerer Kraft, die ihn durch alle Schwierigkeiten hindurch zu einer körperlichen und geistigen Stabilität führt. Stabilität auf diesen beiden Ebenen ist eine Notwendigkeit, und wenn diese ausbleibt, wäre gewissenhaft zu prüfen, wo die Ursache liegen könnte. Natürlich gibt es auch hier Ausnahmen, die aber einer gewissen Gesetzmäßigkeit unterliegen.

Ein geistiges Wissen macht noch lange nicht weise, wenn die Umsetzung und die Verwirklichung nicht folgen. Das Üben von Techniken und Praktiken zur Sensibilisierung der Sinne, zur Entfaltung innerer Kräfte, wenn sie nicht in aufrechter Gesinnung angewendet werden – und das ist wohl kaum möglich, weil ja schon dem Grund ihrer Anwendung ein gewisser Ehrgeiz zugrunde liegt –, führen nicht zu dem angestrebten Ziel, wenn dieses mit der charakterlichen Entwicklung nicht übereinstimmt. Allzu leicht will sich das Ego nur auf diese Weise ins rechte Licht setzen. Dadurch wird es dann zum Wachstum angeregt statt zu seiner Überwindung. Eine vermeintliche Sensitivität wird auch häufig durch Einbildungskraft geradezu gezüchtet, wenn die Sublimation nicht mit bescheidenen Schritten vorangeht. Nur sie bietet den Nährboden, der die Kraft hat, der Seele jene geistige Stabilität zu geben, die unerläßlich ist, wenn die Entwicklung nicht in eine Sackgasse führen soll. Die Einbildungskraft, wenn sie nicht im rechten Sinne angewandt wird, kann irreführende

Phänomene hervorbringen, die fälschlicherweise für Erfolge durch Entwicklung oder Fortschritt gehalten werden.

Mit dieser vermeintlichen Sensibilität wird nicht selten geprahlt, und sie wird bis ins Detail ausgeleuchtet. Sie zwingt anderen, die auch auf dem Pfad sind, Komplexe auf, weil sie diese »höhere Stufe« noch nicht erreicht zu haben glauben, angesichts der ihnen vermittelten phantastischen Schilderungen. Diese anderen dürften oftmals aber wohl diejenigen sein, die ehrlicher und selbstloser an sich arbeiten, die die Aufmerksamkeit auf das Wesentliche richten.

Sensibilität und Sensitivität ermöglichen unter anderem das Aufnehmen verschiedenartiger Schwingungen aus subtilen Bereichen und besonders auch jene der Mitmenschen. Und es ist keine Seltenheit, daß die Schwingungen der Mitmenschen von den »vermeintlich Sensitiven« als unangenehm und störend empfunden werden und ihre eigene Harmonie stören, besonders auch dann, wenn es sich um Mitmenschen handelt, deren Sympathie nicht auf ihrer Seite ist, oder auch, wenn sie ein gestörtes Verhältnis zu diesen oder zu sich selbst haben. Bei ehrlicher Selbstkontrolle liegen die Gründe dafür in der Regel bei dem vermeintlich Sensitiven selbst.

Auf dem geistigen Weg darf es niemals so weit kommen, daß uns Schwingungen der Mitmenschen stören oder aus der Harmonie bringen. Bei einer derartigen Entwicklung dürfte es sich sicher um eine Verwechslung und Verdrehung der Begriffe handeln. Eine irregeleitete Sensitivität ist nichts anderes als eine gezüchtete Empfindlichkeit, die überwunden und umgewandelt werden sollte, weil empfindliche Menschen immer schwierig sind für ihre Umwelt und Empfindlichkeit sich dem geistigen Fortschritt immer wieder in den Weg stellt. Außerdem macht sie sehr unfrei und oft verbittert. Wenn Sensitivität nicht Schulter an Schulter mit geistiger und charakterlicher Stabilität geht, kommt es zu derartigen Störungen. Wir müssen lernen, auch in Gesellschaft von Menschen leben zu können, die nicht auf unserer Schwingungsebene liegen. Eine Übereinstimmung ist selten genug, je weiter wir uns entwickeln. Und noch viel weniger dürfen wir durch sie aus der Harmonie fallen, so daß Störungen in unser Leben eindringen können.

Je reifer und entwickelter ein Mensch geworden ist, desto weniger gleichgesinnte Menschen wird er in seiner Umgebung finden, die seiner Stufe entsprechen. Aber gerade weil er sich schon zu einer gewissen Höhe emporgearbeitet hat, steht er ja dort, um andere mit anzuheben und emporzuziehen. Ist das nicht Sinn und Ziel seiner Entwicklung? Ist das nicht seine Aufgabe? Wenn er sich nur um seiner selbst willen entwickeln will, nährt er einzig und allein sein Ego.

Es ist eine Fehlentwicklung, wenn Sensibilität auf diese Weise empfindlich macht, weil sie damit nicht in die Freiheit, sondern in die Abhängigkeit führt.

Menschen, deren Entwicklung derartige Ergebnisse zeitigt, worauf manche noch stolz sind, können mit einer Treibhauspflanze verglichen werden, die wenig Sonne und eine Überdosis Kunstdünger bekommen hat, die hochgeschossen, aber kraftlos ist und bei geringer Berührung knickt.

Es ist eine Notwendigkeit, diese Seite einmal so deutlich zu beleuchten.

Echte, gewachsene Sensitivität läßt den Menschen eine feine Antenne entwickeln, die das Auffangen von Schwingungen aus subtilen Bereichen ermöglicht. Sie durchdringen die Formen und lassen ihn erfühlen oder erschauen, was dahinter verborgen liegt. So führt die Sensitivität in Bereiche des nur Erleb- und Erfahrbaren, nicht des Greifbaren. Sie vermag es, uns Dinge zu vermitteln, die jenseits unserer Ausdrucksmöglichkeiten liegen. Und wer diese Ebenen betreten darf, muß, wenn die Sensitivität Segen bringen soll, eine größere Stabilität physisch und psychisch aufweisen, als irgend jemand anders sie aufzeigen kann, dem geistige Entwicklung noch ein Buch mit sieben Siegeln ist.

Sensitivität stellt hohe Anforderungen an den Schüler. Es ist jedoch nicht wichtig, daß ein Außenstehender weiß, ob er sensitiv ist oder nicht. Das ist nicht erwähnenswert, und wer durch echte Sensitivität innere Bereiche betreten darf, wird dies sicherlich in Ehrfurcht tun und derartige Geschenke nicht prahlerisch preisgeben.

Alles, was wir uns durch ehrliche Arbeit in der rechten Gesinnung erworben haben, ist unsere ganz persönliche Angelegenheit. Bescheidenheit und die rechte Art von Demut lassen den wahren Schüler erkennen. Wo er geistig steht, ist allein seine Sache.

Einige wesentliche Aspekte sind es, die uns wohlbehütet und kontinuierlich den Pfad der inneren Entwicklung gehen lassen. Sie raten uns:

bleibe normal,
sei fröhlich,
nimm dich nicht so wichtig,
sei unkompliziert.

Reflexionen

Auf dem geistigen oder esoterischen Weg begegnet uns häufig die Ansicht, daß die Fehler oder Schwächen, die uns bei einem anderen mißfallen, Widerspiegelungen der eigenen Fehler sind. Der andere ist sozusagen unser Spiegel. Solche Weisheiten werden von den Schülern dann oft nachgeschwätzt, ohne daß sie selbst überprüft und durchdacht haben, ob sie stichhaltig sind und auch logischen Folgerungen standhalten können.

Wenn es tatsächlich so wäre, daß man nur eigene Schwächen und Fehler an anderen sehen und erkennen kann, wäre dadurch die Möglichkeit des Erkennens und auch die Möglichkeit, unterscheiden zu lernen, nicht gegeben. Und wenn diese Regel stimmt, wären wir wohl alle noch die unvollkommensten Wesen – trotz vieler Bemühungen.

Bei einiger Wachsamkeit, ohne kalte Kritik zu üben, müssen wir feststellen, daß jeder Mensch Mängel hat, mit denen er belastet ist, man selbst natürlich eingeschlossen. Aber sollten das alles auch eigene Fehler sein?

Um ein Beispiel zu nennen: Es hat sich vielleicht mehrfach erwiesen, daß wir grobe Unwahrheiten bei jemandem feststellen mußten. Sollte das tatsächlich heißen, daß wir auch unehrlich sind? Vielleicht ist es gerade die Tugend der Wahrhaftigkeit, die zu erwerben wir uns eifrig mit Erfolg bemühten. Fehler und Schwächen anderer können uns sehr wohl aufzeigen, wie wir es auf keinen Fall machen sollten.

Gerade auf dem geistigen Weg ist die Anwendung von Achtsamkeit und Wachsamkeit eine wichtige Regel. Es gibt Schüler, die sich geradezu ängstlich davor hüten, irgendeine Schwäche an ihrem angebeteten Meister oder Lehrer zu entdecken, da diese – nach *seiner* Regel – dann doch zu ihm selbst gehören. Solch einen Tadel möchte sich doch wohl jeder ersparen.

Noch gefährlicher oder unmeisterlicher erscheint es mir, wenn der Meister seine eigenen vom Schüler erkannten Schwächen von sich weist, um sie nicht zugeben zu müssen, und diese dann als Reflexionen oder Spiegelungen des Schülers darlegt. Vielleicht ist das ein Selbstschutz des Meisters, die Methode ist aber eines echten Meisters unwürdig. Ein echter Meister würde sie nicht anwenden. Das hat er gar nicht nötig.

Durch derartige Methoden und Manipulationen wird ein Schüler natürlich eingeschüchtert, und sie tragen nicht dazu bei, daß er selbständig wird und bei solch einem Pseudo-Meister das so wichtige Unterscheidungsvermögen erlernt. Es ist wichtig, die Kraft der Unterscheidung zu erlangen, um nicht in falsche Hände und dadurch auf einen Irrweg zu geraten.

Vielleicht stammen derartige Aussagen und Weisheiten von sogenannten Pseudo-Meistern und werden von unterscheidungsunfähigen Schülern geglaubt, nachgeredet und kommen so in Umlauf.

Eine Weisheit und Wahrheit klingt immer eindeutig, klar und einfach. Komplizierte Wahrheiten gibt es nicht.

Sie würden uns keinen Nutzen bringen. Wahrheiten sind für *jeden Menschen,* der sie hören möchte, verständlich und haben mit Intelligenz nichts zu tun. Jeder geistig Gesunde muß sie erkennen können.

Wir sollten bei diesen Gedanken zwei Aspekte unterscheiden: einmal die Feststellung einer Charaktereigenschaft an sich und zum anderen Kritik daran, das heißt, objektive Betrachtung. In diesem speziellen Fall ist ein Mitdenken, ein Nachdenken und ein gesundes Empfinden gemeint, das der Schüler zu jeder Zeit einsetzen soll. Es steht ihm nicht zu, an einem Meister oder überhaupt herzlos Kritik zu üben. Dazu sind ihre beiden Bewußtseinsebenen viel zu unterschiedlich. Um beispielsweise einen Meister oder Heiligen kritisieren zu wollen, müßten wir selbst eine meisterliche Form haben oder heilig sein. Und wer das erreicht hat, kritisiert nicht mehr. Es wird heute so viel kritisiert, daß es weh tut. Meditation und Yoga werden scharf kritisiert, aber man spürt sehr deutlich, daß die Kritiker sich nicht die Mühe gemacht haben, das kritisierte Wissensgebiet je zu studieren. Ebenso verhält es sich mit jemandem, der beispielsweise die Quantenphysik als Unsinn erklären würde, ohne auch nur die geringste Ahnung von ihr zu haben. Man sollte nur dann mitreden und urteilen, wenn das Wissensgebiet auch wirklich verstanden wird. Und wie viele gibt es, die nachplappern, was andere vorgeplappert haben. Das könnte wohl als Dummheit bezeichnet werden. Halbwissen ist aber meistens ebenso gefährlich und schlimm. Erst wenn ich mich mit den Gebieten auseinandergesetzt, wenn ich sie ehrlich und vorbehaltlos studiert habe, kann ich für mich, aber auch nur für mich selbst, beurteilen, ob alles Unsinn ist.

Mir sind manche Menschen bekannt, die sich – als Gegner – irgendeiner esoterischen Lehre zuwandten, um deren Unsinnigkeit zu beweisen. Nach echtem Studium sind sie alle ihre Verteidiger geworden.

Eine echte und hilfreiche Lehre braucht nicht um ihre Existenz zu fürchten. Ebenso eine echte und hilfreiche Institution nicht. Heute, im Zeitalter des Wassermanns, kann keine Macht und auch kein Dogma mehr die Wahrheit unterdrücken und völlig beseitigen.

Die alten Weisen, die uns diese esoterischen Lehren als Weg zur Vollendung dargeboten haben, hatten einen erhabenen Geist, aber keine Atomreaktoren. Wir haben dafür Atomreaktoren...

Meine Darlegungen sollten zum Ausdruck bringen, wie wichtig es ist, daß wir bei allem, was uns begegnet, unseren logischen, gesunden Verstand einsetzen und benutzen, dann kann es auch zu echten Intuitionen kommen; denn echte Intuitionen können auch von unserem gesunden Verstand akzeptiert werden. Diese beiden Ebenen müssen ausgewogen zusammenwirken, wenn der Mensch in Harmonie leben will.

Einweihung heute

Die Disziplinen, die für den *Lichtweg* (Einweihungsweg) erforderlich sind, werden von einem Schüler des Ostens meistens mit mehr Zielstrebigkeit und Gefühlskraft erfüllt als von einem Schüler des Westens.

Der östliche Mensch ist von der Anlage her und durch lange Tradition ein durch und durch religiöser Mensch. Seine Religion war seit Jahrtausenden sein Lebensinhalt. Er strebt danach, auf der kurzen Strecke seines Erdenlebens Gott näherzukommen. Dies dürfte mit ein Grund sein, warum er in den äußeren Bedürfnissen viel weniger anspruchsvoll ist als der Abendländer.

Der westliche Mensch ist aber auf dem Wege, sich allmählich von den materialistisch ausgerichteten Denkmustern, die, wie es den Anschein hat, für seine geistig-seelische Entwicklung einen Rückschritt bedeuteten und ihn in eine Gottferne führten, zu lösen. Vielleicht ist aber gerade für ihn dieser Schritt dennoch eine Notwendigkeit gewesen, der ihn als kopflastigen Menschen dadurch zu einer neuen Erkenntnis bringt, die sein bisheriges Weltbild endgültig zerbricht.

Die Rückbesinnung auf seinen geistigen Ursprung, das Bemühen um eine Sinnfindung, die nicht nur auf das eine kurze Leben bezogen ist, sondern ausgedehnt auf eine kosmische, universelle Zugehörigkeit, im Bewußtsein, ein ewig bestehendes Geistwesen zu sein, löst heute bei vielen geradezu mit Vehemenz die rein materialistische Denkweise ab. Was auch immer diese Wandlung im Bewußtsein vieler Menschen jetzt hervorgerufen haben mag, ist nicht von Wichtigkeit. Sicherlich sind einige Aspekte dieser Tatsache innere Ängste, innere Leere, das Sich-abgeschnitten-Fühlen vom Schöpfer, von einer geistigen Heimat, ohne die jedes Wesen wie ein schwankendes Rohr im Sturm des Daseins ist. Das Wesentliche ist, daß der westliche Mensch durch seine innere Abkehr seinem Bewußtsein erlaubte, in der Vorstellung der Gottferne zu leben – nun kommt die Gegenbewegung.

So hat sich mancher Abendländer, ob bewußt oder unbewußt, heute auf den sogenannten Einweihungspfad begeben.

Unser ganzes Planetensystem, mit allem darin existierenden Leben, wird von einer stetig sich steigernden Einstrahlung aus dem Kosmos berührt, die sich besonders auf das Bewußtsein, auf den Geist des Menschen und seine Entwicklung auswirkt. (Ich werde meinen Geist ausgießen über alles Fleisch, wie Jesus sagte.)

Um dieser kosmischen Anregung gerecht zu werden, müßten jetzt sogenannte Mysterienschulen oder Einweihungsstätten wie Pilze aus der Erde wachsen, und es müßte Weise und kosmische Lehrer sozusagen vom Himmel regnen, wenn die bisherigen Formen und Voraussetzungen der Wissensvermittlung noch Gültigkeit hätten.

Jede Epoche ist aber eine Herausforderung, um die alten Fundamente, die immer auf Wahrheit beruhten, zu wahren, und für die jeweils dringenden Bedürfnisse der großen Evolution neue, zeitgerechte Formen zu finden.

In diese Entwicklungsphase der Menschheit paßt nicht mehr die oft noch vorherrschende Meinung, besonders einiger fernöstlicher Meister, daß jeder einen physischen Meister brauche, um die Vereinigung mit Gott zu erreichen. Diese Einstellung ist dazu angetan, sich Jünger oder Schüler oder gar ein materielles Einkommen zu sichern, was ein echter Meister nicht nötig hat und auch nicht anstrebt. Er dient bewußt nur als Wegweiser, als Entwicklungshelfer. Wie sollten die vielen, gerade jetzt aufwachenden Seelen, wenn die alten Formen jetzt noch gültig wären, genügend Lehrer finden, die sich jeder einzelnen widmen könnten?

Ich setze der häufig verbreiteten Meinung, daß die Vereinigung mit Gott nur mit Hilfe eines physischen Meisters möglich ist, die Aussage von Lahiri Mahasaya* entgegen, der lehrte, daß die Vereinigung mit Gott durch eigene Bemühungen erreicht werden kann und weder von einer bestimmten Glaubenslehre noch von der Willkür eines kosmischen Diktators abhängt. Hat Jesus Christus uns nicht auch den direkten Weg zum »Vater« gezeigt?

Lahiri Mahasaya war unbestritten einer jener ganz großen Meister, Lehrer und Yogis, der sein Leben lang in einem weltlichen Arbeitsprozeß stand, Familie hatte und ein vorbildliches Leben führte, der dabei aber absolut das lebte, was er lehrte. Er gehörte nicht zu jenen, die das Elend Indiens dadurch vergrößerten, daß sie mit der Bettelschale durch die Lande zogen.

* vgl. Paramahansa Yogananda, Autobiographie eines Yogi, München 1979.

Dem Suchenden werden heute manche Möglichkeiten geboten, ein kosmisches Wissen zu erfahren, welches noch keinen Eingang in Schulen und Universitäten gefunden hat.

Dieses Wissen schult nicht ausschließlich den Intellekt, es vermittelt vielmehr die Kenntnis der Lebensgesetze, nach denen der Mensch als ein ewig bestehendes geistiges Wesen in diese physische Verkörperung eingetreten ist und führt ihn über diese Dimensionen des Lebens hinaus in kosmische, universelle. Es erhebt den Suchenden über alles Kleinliche, Begrenzende und Einengende, das den Blick trübt und den Geist verkümmern läßt, gleich einer Blume, die nicht von der Sonne berührt wird und kein Wasser bekommt.

Unter anderem paßt sich die heutige Literatur diesen Erfordernissen an und bietet in erhöhtem Maße ein Wissen, das in früherer Zeit, sicher mit einiger Berechtigung, als Geheimwissen betrachtet wurde. Jeder Bewußtseinsebene wird jetzt Rechnung getragen.

Die Möglichkeit zur Beschleunigung der geistigen Entwicklung der Menschheit, hervorgerufen durch die erhöhten Frequenzen aus dem Kosmos, wird von einer für uns unfaßbaren Intelligenz gesteuert. Diese Beschleunigung wird der aufmerksame Betrachter auf allen Gebieten auch des äußeren Lebens bemerken, sei es in den Entdeckungen der Naturwissenschaften oder der Erforschung der geistigen Dimensionen.

Da aber die Evolution primär in der geistigen Höherentwicklung liegt, wäre es undenkbar, wenn den heutigen Verhältnissen nicht Rechnung getragen werden könnte. Und darum müssen alte, überholte Formen zerbrechen, ohne daß der Wahrheitsgehalt zerstört wird. Die ganze Schöpfung unterliegt einem Ordnungsplan höchster Weisheit. Kein menschlicher Geist und auch kein Computer wäre fähig, einen derartig vollkommenen Plan zu erstellen, so sehr wir uns auch bemühen und schon vergeblich bemüht haben. Jeder durch Forschen und Suchen beantworteten Frage folgen gleich neue auf dem Fuße. Nach jeder aufgeschlossenen Tür stehen wir vor weiteren verschlossenen.

Die Gesetzmäßigkeiten, die sowohl die Entwicklung der Gesamtheit als auch die des einzelnen lenken, sind geblieben. Sie sind unveränderlich, da sie kosmischer, geistiger Natur sind. Wäre es nicht so, könnten wir sie nicht als unendlich weise und gerecht erkennen. Bei jeder Änderung der Gesetze und Bedingungen wäre es die unausbleibliche Folge, daß irgendwelche Lebensströme einmal begünstigt und andere dadurch benachteiligt würden, wie es bei Gesetzesänderungen im Weltlichen der Fall ist, wodurch wir vielleicht auch schon selbst die Leidtragenden geworden sind.

Die Prüfungen, die jeder Mensch, ob er es will oder nicht, ob er es weiß oder nicht, auf seinem langen Weg der Entwicklung zu bestehen hat, die früher in den Einweihungsschulen oder Retreats erfolgten, sind heute in erhöhtem Maße in das tägliche Leben eines jeden vom kosmischen Gesetz eingebaut. Nur wer sehr wachsam durch sein Leben geht, wird diese Prüfsteine erkennen.

In der jetzigen Entwicklungsphase, da unsere Planetenfamilie durch die intensivere Einstrahlung aus der Zentralsonne in eine Beschleunigung gekommen ist, hat das Lebensgesetz entsprechende Möglichkeiten bereit, daß sich die ganze Menschheit bewußtseinsmäßig in diesen intensiven Vorgang einschwingen kann. Dabei wird das göttliche Gesetz der Willensfreiheit jedoch nicht außer acht gelassen.

Eine große Chance, den Einweihungsweg zu gehen, wird auch jenen zuteil, die sich freiwillig in den Dienst der geistigen Entwicklung des Menschen stellen. Wer sich von innen her dazu aufgerufen fühlt, wird diesen Weg wählen. Aber nicht jeder wird durchhalten und ihn zu Ende gehen können. Er bietet eine Möglichkeit, die eigene Entwicklung zu beschleunigen, womit entsprechend den übernommenen Aufgaben Einweihungsstufen verbunden sind. Diese Stufen erhöhen sich gleichlaufend mit den Aufgaben, und diese bestimmen durch den Grad ihrer Schwierigkeit die Möglichkeit der Reifung. So dient eines dem anderen.

Mancher scheitert auf diesem Wege, und die Aufgaben müssen dann von anderen übernommen werden, die sich schon besser bewährt haben. Das Hauptziel ist und bleibt aber die Gesamtentwicklung.

Das Scheitern des einzelnen sollte ihn auf keinen Fall dazu veranlassen, nicht wieder von vorn anzufangen.

Der Weg der Einweihung zieht sich durch unsere physische Existenz, er geht durch unser gesamtes Leben hindurch. Der Einstieg hierzu wird nur im eigenen Innern gefunden, in steter Wechselwirkung zwischen innen und außen.

Ganz sicher werden wir auf diesem Weg nicht alleingelassen. Wir werden begleitet von kosmischen Wesen, die uns dort eine helfende Hand entgegenhalten, wo eine ernsthafte Gefahr droht. Um uns dieses Beistandes auch bewußt zu werden und um ihn in Anspruch nehmen zu können, bedarf es der ständigen Verbindung mit unseren inneren Ebenen, deren bewußte Erfahrung den Einweihungsweg kennzeichnet.

Die Natur als Lehrmeister

Wenn wir eine Blume betrachten, mit welcher Kraft sich ihr zarter Keim einen Weg durch das Erdreich gebahnt hat, um ihre ganze Schönheit entfalten zu können und sichtbar zu machen, so sehen wir nur ihre äußere Erscheinung, nicht aber ihr Wesen, welches hinter der Erscheinungswelt wirkt. Die Wurzel oder Knolle, je nachdem, um welche Blume es sich handelt, die ihre Seele beherbergt, ist im Erdreich verborgen. In ihr ist ihr wahres Wesen geheimnisvoll eingeschlossen, die Energie, die Kraft, welche Stengel, Blätter und Blüten, und was sonst noch zu ihrer Art gehört, aufzubauen. So ist die Blume eigentlich etwas anderes als das, was unsere physischen Augen zu sehen vermögen. Schneiden wir sie ab, so ist ihre Lebensdauer nur noch sehr begrenzt. Belassen wir sie in der Natur, also noch in Verbindung mit ihrer Seele, wird sie aus der Knolle oder Wurzel so lange ihre Wachstumskraft beziehen, wie die Schöpfungsgesetze es für ihre Art vorgesehen haben.

Wenn ihr die Kraft entzogen wird, beginnt sie zu verwelken und zu verschwinden. Die Materie löst sich auf und verwandelt sich.

Dieses große Wunder erleben wir alljährlich aufs neue. Aus den Wurzeln oder Knollen wachsen immer nach den gleichen Gesetzen neue Pflanzen, neue Blumen, nachdem sie den Winter über in der Erde, unsichtbar für uns, geschlummert haben.

Im übertragenen Sinn geschieht das gleiche mit den Menschen, natürlich auf einer entwicklungsmäßig höheren Ebene. Dieser Vergleich könnte uns eine Hilfe sein, die Reinkarnation, die Wiederverkörperung, besser einzuordnen; denn mancher Mensch hat große Mühe, die Zusammenhänge zu sehen, und neigt dazu, sich mit den vielen physischen Körpern, die seine Seele in der materiellen Welt aufgebaut hat, zu identifizieren, was das wahreVerständnis für die Gesetzmäßigkeit erschwert oder gar unlogisch erscheinen läßt.

Unsere wahre Identität, unser wahres ewiges Wesen ist mit der Wurzel oder Knolle der Blume zu vergleichen, die die Kraft zum Wachstum in sich birgt. Wie die Blume jährlich aufs neue eine physische Gestalt annimmt nach eigenen Gesetzen und Rhythmen, ebenso verhält es sich mit unserer Seele, die einmalig ist, die ebenfalls nach bestimmten geistigen oder göttlichen Gesetzen zu ihrer Zeit in einem neuen physischen Körper in der materiellen Welt erscheint. Das Warum und Weshalb wollen wir hier nicht erörtern, sondern nur die Möglichkeit als solche verdeutlichen. Es ist immer wieder *die eine Seele*, die ihre Kraft zur gesetzmäßigen Zeit dem physischen Körper entzieht, der dann vom Erdenplan verschwindet – wie die Blume auch – und für die äußere Welt nicht mehr sichtbar ist. Aber zu gegebener Zeit erscheint sie wieder in einem neuen Körper, um erneut den Weg ihrer Entwicklung fortzusetzen. Ist dieser Körper dann auch wieder alt oder krank geworden, so zieht sich die Seele mit ihrer Lebensenergie abermals zurück. Die Seele ist unsichtbar für die Welt, bis sie wieder einen neuen physischen Körper bewohnt, um wieder ein Stückchen weiterzukommen. Sicherlich sind es nicht immer große Fortschritte, die sie in manchen Leben macht, wenn das Ergebnis einiger Menschenleben mit seinen Verirrungen und Bosheiten in Betracht gezogen wird.

Die Blume hat die Aufgabe, Schönheit zu verbreiten; der Mensch hat die Aufgabe, sich zur Vollkommenheit zu entwickeln, das Abbild Gottes, nach dem er geschaffen wurde, wieder zu realisieren, was jede Religion und jede Geistes-Philosophie lehrt. Daß vielleicht sehr häufig »Klassen« wiederholt werden müssen, leuchtet uns aufgrund der eben erwähnten Gegebenheiten ein. Wir schließen uns in diese Beobachtungen natürlich immer selbst mit ein.

Der Mensch ist ein Teil des großen Ganzen, des von vielen Geheimnissen durchwobenen Schöpfungsgeschehens, das sich Tag für Tag vollzieht. Niemand kann sich aus diesem grandiosen Geschehen ausschließen. Für alle frühen Völker, die damals nur einen Lehrer kannten, und zwar die Natur, die alles aus ihr lernten, war der Gedanke der Wiederkehr der Seele durch verschiedene physische Körper eine Selbstverständlichkeit, und niemand hätte daran gezweifelt. Die Natur hat es sie ja gelehrt. Sie hatten die große Gabe, ihre Erfahrungen, ihr Wissen, ihre Weisheit und ihre Wahrheit von dem großen Lehrmeister, den die Natur darstellt, zu übernehmen. Dadurch lebten sie im Einklang mit ihren Gesetzen und nicht gegen sie, wie es die Menschheit heute tut. Sie nahmen die Geschenke der Natur dankbar und in Ehrfurcht an und verschwendeten sie nicht.

Sie achteten die Natur als ihre Erhalterin und Ernährerin, als ein Geschenk des All-Geistes.

Je mehr der menschliche Verstand hochgezüchtet wurde, desto weiter entfernte er sich von der Natur und mißbrauchte sie zu seiner Bereicherung. Schließlich wurde er zu ihrem Zerstörer.

Was das Verständnis für die Natur und die hohe Achtung für sie anbelangt, hätten wir von den Indianern viel lernen können, solange sie in ihren Gebieten und nach ihren Gewohnheiten leben konnten. Nun, da sie in Reservate gesperrt und ihrer Freiheit beraubt wurden, bewahren nur noch wenige von ihnen die alten Sitten und Glaubensinhalte. Die Welt der Weißen hat ihnen Krankheit und Verwahrlosung gebracht, zudem den Verlust der Verbundenheit mit der Natur.

Wenn wir die Schöpfungsgesetze rechtzeitig verstanden hätten, wären wir nicht erst durch die großen Schäden, die wir der Natur zugefügt haben und die daraus erfolgenden Rückschläge aufmerksam geworden. Nun kommen wir langsam darauf, aus den alten Quellen jener Weisen und Begnadeten zu schöpfen, die ihr Wissen aus der Beobachtung des Kosmos bezogen haben. Das tritt mehr und mehr zutage. Auch das ist eine gesetzmäßige Wirkung der großen Evolution.

Der Meister

Die Worte eines Meisters bewegen den Schüler, und sein Vorbild reißt ihn mit auf dem Weg zum Licht. Seine von ihm verkündete und vorgelebte Wahrheit inspiriert den Schüler und ist der Kraftquell, der ihn immer wieder neu anspornt, in seinem Streben nicht müde zu werden.

Die Begegnung mit einem echten Meister ist ein wertvolles Geschenk im Leben. Sie ist eine schicksalhafte Verknüpfung von weittragender Bedeutung, denn das Meister-Schüler-Verhältnis bleibt über den physischen Tod hinaus bestehen und gewinnt dadurch für den Schüler eine ganz neue Dimension, die die Begrenzung von Raum und Zeit durchstößt.

Aus dieser Sicht mag der Schüler auch die Verantwortung sich selbst gegenüber erkennen, die sich aus der Frage ergibt, wem er sich anschließt.

Der äußere Meister darf und soll immer nur ein Wegweiser zum inneren Meister sein, der in jedem Menschen lebt und darauf wartet, daß sich der Schüler ihm zuwendet.

Schutz

Der sicherste Schutz vor schädlichen Einflüssen und Gefahren, ganz gleich, von welcher Ebene aus sie auf uns zukommen, besteht darin, ein Leben in Reinheit zu führen und die Zeit im Dienst für Gott und die Mitmenschen zu nutzen.

Ein reines Leben führen beginnt mit der Reinheit im Denken. Dann tragen auch unsere Taten das Siegel des Guten. Dadurch schaffen wir uns den sichersten Schutz, weil eine Kraft des Guten von unserer Aura ausgeht. Nichts Böses hat die Macht, diese Aura zu durchdringen. Sie wirkt wie ein schützender Panzer, der uns umgibt, an dem alles Negative abprallt und wie ein Bumerang zum Ort seiner Aussendung zurückkehrt.

Vom Wirken der Gesetze

Ein extremer Fall ist kein Maßstab für allgemein gültige Gesetzmäßigkeiten, die ein Leitfaden für die innere Entwicklung der Menschen sein können. Die Gesetzmäßigkeiten wirken jeweils nach dem individuellen Karma, das ein Außenstehender nicht beurteilen kann. Wir können und dürfen keine Schlüsse aus dem Schicksal der Mitmenschen ziehen, um sie für die Aufstellung von Normen zu verwenden, weil uns die Gesamtschau fehlt. Nur aus der Gesamtschau ist es möglich, das absolut gerechte Wirken der Gesetze zu erkennen.

Wissen allerdings verpflichtet. Bei einem Wissenden erfüllt sich das Karma – kommt die Rückwirkung – schneller als bei einem Unwissenden, weil einem Unwissenden bis zu einem gewissen Grade immer wieder Möglichkeiten gegeben werden, seine Fehler auszugleichen. Wenn er aber trotz wiederholter Gelegenheiten seinen Weg nicht erkennt und die Warnungen des Schicksals nicht annimmt, dann tritt das Gesetz in Kraft, um sich zu erfüllen.

Das persönliche und das globale Chaos zeigen deutlich das Wirken der Gesetze an. Wer keine Gelegenheit zur Weiterentwicklung wahrnimmt, muß durch viel Leid, Not, Krankheit und Drangsal gehen, bis er sich bewußt wird, daß er selbst an seinem Schicksal aufbauend wirken kann.

Für die kosmischen, göttlichen Gesetze gibt es auch kein Gesetzbuch. Sie wurden und werden durch Eingeweihte, Adepten, Lehrer und weise Menschen übermittelt und sind in deren Lehren enthalten. Diese Wesen sind Repräsentanten eines höheren Wissens. Es liegt an unserem Bemühen, aus jenen Lehren die Gesetzmäßigkeiten herauszufiltern, zu erarbeiten, um dann auch unser Leben danach auszurichten.

Heute, da das geistige Erwachen der Menschen enorm zugenommen hat, wird diesem auch durch eine immer noch anwachsende Literatur auf spirituellem Gebiete Rechnung getragen. Jeder ernsthaft Suchende wird irgendwann das finden, was ihn weiterführt.

Atem und Selbstkontrolle

Der Mensch besteht aus zwei Wesenheiten: seiner physischen, vergänglichen, die dem Verwesungsprozeß unterliegt, und seiner ewigen, unsterblichen, die durch unterschiedliche Ausdrücke bezeichnet wird: das höhere Selbst, das göttliche Selbst, das Über-Selbst oder die Seele. Für den unsterblichen Teil des Menschen findet die letzte Bezeichnung in unserem Sprachgebrauch die weiteste Verbreitung.

Diese beiden Wesenheiten durchdringen sich gegenseitig. Die Seele, der geistige Teil, ist der Lebensträger der Materie, der sie mit dieser Durchdringung erst lebensfähig macht. Und die Materie wiederum verhilft der Seele dazu, sich auszudrücken.

Wir setzen unsere Füße auf den Mond und durchforschen das Weltall. Nur das Nächstliegende, die Natur unserer Seele zu erforschen, ist uns noch nicht in den Sinn gekommen. Und doch wäre das Studium des eigenen Seins wohl die wichtigste Aufgabe. Die Frage »Wer bin ich?« ist immer noch nicht erschöpfend beantwortet. Mit dem Ich meint der Mensch – ausgenommen der Wissende – immer seine physische Erscheinung.

Weil auf einem unrichtigen Denkgebäude aufgebaut wird, entsteht der Irrtum, daß unsere Gedanken Produkte unseres Gehirns seien. Vielmehr ist dieses aber nur das physische Offenbarungswerkzeug, das die Gedanken in die Bewußtheit bringt. Sie selbst kommen aus der Tiefe unseres Seins. Durch das Identifizieren mit dem vergänglichen Körper haben wir den Bezug zu unserem wahren Wesen verloren.

Was auf Vergänglichkeit aufgebaut wird, fällt einmal wie ein Kartenhaus zusammen: Das können wir jetzt schon daran erkennen, daß viele Menschen in Ängsten, Depressionen, Krankheiten, Mangel an Selbstvertrauen und vielem mehr leben.

Dennoch geschieht es am Tag einige tausend Male – wenn wir uns dessen auch nicht bewußt sind –, daß zu unserem primären geistigen Selbst eine Verbindung aufgenommen wird und wir uns dadurch mit unserem wirklichen Sein verbinden. Wenn das täglich nicht immer wieder geschehen würde, könnte der Mensch nicht leben, sein Körper würde tot zusammenbrechen. Das tägliche immer wiederholte rhythmische Wiederfinden und Begegnen mit dem innersten Wesensprinzip ermöglicht uns, *die* Kräfte zu schöpfen, die wir zum Leben, zum Denken und zum Fühlen brauchen.

Diese winzigen Augenblicke werden von jedem unbewußt erlebt, aber nur wenige kennen ihre wunderbare, tiefgreifende Bedeutung und Wirkung. Um diese Augenblicke auf die Dauer in die Bewußtheit zu bringen, bedarf es nur einer kurzen Atemkontrolle, die täglich, wenn möglich einige Male, durchgeführt werden sollte. Sie nimmt auch nicht viel Zeit in Anspruch. Jeder ist in der Lage, zunächst den physiologischen Aspekt zu erfahren, und über diesen kommen wir dann in den subtilen Bereich, zu dem *Ich bin*, womit auf keinen Fall unsere physische Erscheinung gemeint ist, sondern unser ewiges Sein, der Teil Gottes in uns. Diese Erfahrung geht über den Atem, denn er ist immer am Leben beteiligt. Er reagiert auf alle Gemütsregungen. Erschrecken wir, wird der Atem unbewußt angehalten. Fällt uns durch eine erlösende Botschaft ein »Stein vom Herzen«, atmen wir tief aus. Sind wir erregt, atmen wir viel rascher, ebenso wenn wir uns zu Ärger und Emotionen hinreißen lassen. Gefühle, seien sie Wut, Haß oder Neid, beeinflussen die Atemtätigkeit genauso wie positive Gefühle – Liebe, Verstehen, Toleranz und Zuneigung. Jeder kann dies an sich selbst erfahren. Der Atem ist also immer am Geschehen beteiligt und reagiert darauf.

Der entwickelte Mensch, der durch Disziplin auf der körperlichen und der geistigen Ebene zur Selbstkontrolle gekommen ist und harte Arbeit am Selbst und am Charakter leistete, unterliegt nicht mehr derartigen Reaktionen. Mit dem Atem ist er zum Beherrscher von Körper und Geist geworden. Ein Gesetz der Hohen Schule des Geistes lautet: *Erlaube nicht, daß deine Gefühle sich durch irgendwelche Umstände erregen, und schule dich darin, nie mehr überrascht oder enttäuscht zu sein. Vollkommene Beherrschung aller Kräfte in dir zu jeder Zeit bedeutet Meisterschaft.*

Ein anderes Gesetz lautet: *Gemütserregungen freien, ungehemmten Lauf zu lassen ist Schwäche und entzieht Gott unseren Blicken.* Mag die moderne Psychologie auch der Meinung sein, daß Gefühle ausgelebt werden müssen, so weiß sie in der Regel nichts von der Beschaffenheit der Seele und nach welchen Gesetzen jede Individualität zum soundsovielten Male wiedergeboren wurde. Ein Psychologe, der das Gesetz der Wiederverkörperung kennt und anerkennt, beleuchtet die Probleme von einer ganz anderen Seite als jener, der ein einziges Leben in Betracht zieht und vielleicht nicht einmal an die Existenz nach dem physischen Tod glaubt. Dort, wo das der Fall ist, meint man, den Dingen besser auf die Spur zu kommen, wenn hier und dort Grenzen gezogen werden und aus dieser begrenzten Sicht eine Analyse gestellt wird. Man glaubt, so die Dinge klarer differenzieren zu können. Es verhält sich in solchen Fällen ähnlich wie mit einer Blume, die in ihre einzelnen Teile zerlegt wird, damit man sie analysieren kann. Dadurch erfahren wir zwar einiges über Gestalt und Funktion der Blume, ihr Wesen bleibt uns aber nach wie vor verborgen. Wir sind nicht in der Lage, diese auseinandergelegte Blume wieder zusammenzusetzen und stehen vor den welken Resten unserer Zerstörung.

Dieses Auseinanderreißen, dieses Differenzieren ist mit ein Grund, warum viele keinen Bezug mehr zur Religion haben. Wir haben zwar auch hier die Analyse, dringen damit aber nicht in die Tiefe, in das Wesen der Dinge.

Das Ausleben der Gefühle birgt körperliche und geistige Gefahren in sich. Noch bevor die Gefühle wieder verebbt sind, ist der Schaden oft schon nicht mehr zu beheben. Geschieht dieses Ausleben nicht auch auf Kosten anderer? Auch Kriminalität ist ein Ausleben der Gefühle, ebenso extreme Sexualität. Nach den Erkenntnissen der modernen Psychologie müßten dann auch diese ausgelebt werden – und das geschähe immer auf Kosten anderer. Wenn auch die Folgen des Auslebens nicht immer sofort offenbar werden, so bleiben sie nicht aus, ganz abgesehen von den Blockaden und Rückschlägen, die sie für die geistige Entwicklung bedeuten, die aber ein *nur* diesseitsbezogener Psychiater nicht kennt.

Jeder geistig Orientierte weiß, daß das ungehemmte Ausleben der Gefühle kein Weg im Sinne der göttlichen Gesetze ist. Manches dadurch geschaffene Karma muß in einer späteren Existenz bitter ausgetragen werden.

Mit den noch nicht begriffenen Lektionen aus einer Präexistenz tritt die Seele in ein neues physisches Leben und findet genau die Bedingungen vor, die sie zu ihrer Bewältigung benötigt. Weil die meisten Psychologen nur mit diesem augenblicklichen Leben rechnen, suchen sie für alle Schwierigkeiten ihrer Patienten immer einen Schuldigen im Äußeren. Wie oft müssen die armen Eltern den Sündenbock spielen – oder die Umwelt und sonstige Umstände. Aus der begrenzten Sicht, wie sie heute üblich ist, wissen sie nicht, daß jedes Problem sozusagen ein mitgebrachtes Eigentum des Individuums ist, das auch nur durch dieses selbst gelöst und bewältigt werden kann und muß. Die Suche nach einem Schuldigen im Äußeren führt unweigerlich in eine Sackgasse und in neue Belastungen.

So gut die Psychoanalyse manches auch aufzuschlüsseln vermag – und vielleicht kann sie auch eine vorübergehende Hilfe sein –, wird dennoch ein Irrtum begangen, weil die Synthese zu der Analyse fehlt. Überall im täglichen Leben wird analysiert. Dem Menschen wird nicht mehr die unberührte Tiefe seines Seins, seiner Ganzheit gelassen, man will alles von ihm im einzelnen wissen und bloßlegen.

Wie unfruchtbar solche Bemühungen sein können, und auf welche Irrwege sie uns führen, können wir nur ahnen, wenn wir bedenken, daß die Seele mit all ihren

Erfahrungen der vielen Präexistenzen angetreten ist, um erneute Gelegenheiten wahrzunehmen und auszugleichen, was ausgeglichen werden muß, und ungelernte Lektionen zu lernen. Schicksalhafte Schwierigkeiten können aus der engen Sicht *eines einzigen Lebens* psychologisch nicht gelöst werden, wenn wir den Menschen nicht als ein kosmisches Wesen mit großer Vergangenheit und noch größerer und erhabenerer Zukunft sehen. Das Wesen des Menschen muß in der Ganzheit bleiben, und wo es zerstückelt wird, kommt es zu psychischen Schäden. Die Psychiatrien sind überfüllt, denn Geschädigte gibt es genug, die selten noch wirkliche Hilfe finden.

Wenn Psychiater in die Verpflichtung geführt werden, selbst von Zeit zu Zeit einen anderen Psychiater zu konsultieren, so kann der objektiv Denkende nur staunen und fragen – wieso und warum?

Die Psychologen und Psychiater von morgen, jene, die im Zeitgeist der angebrochenen geistigen Ära leben und wirken, sind schon geboren, und manche wirken bereits in wunderbarer Weise. Der Außenseiter von heute wird der wissende und verantwortungsbewußte Helfer der Menschen von morgen sein, denn wir leben in einem gewaltigen Umbruch.

Wir wollen uns wieder dem Atem zuwenden. Wenn wir einmal bewußt unseren Atem in einer entspannten Haltung mit geschlossenen Augen erleben und ihn fließen lassen, wenn wir also nicht mit dem bewußten Willen atmen, sondern das Atmen geschehen lassen, dann stellen wir fest, daß zwischen Ausatmen und Einatmen eine absolute *Atemstille* zu bemerken ist. Diese Atemstille wird nicht mit dem Willen gemacht, sondern sie geschieht. Je gelassener und harmonischer wir sind, desto länger dehnt sie sich aus. In der Unbewußtheit des Ungeübten dauert sie nur Bruchteile einer Sekunde. Diese Atemstille ist ein heiliger Augenblick für jeden, denn er taucht dabei in den subtilen Bereich seines Seins ein. In diesem kurzen Zeitraum findet der Austausch der Kräfte statt, die den physischen Körper versorgen und erhalten. In solchen Augenblicken ist es möglich, daß eine Intuition oder Inspiration aus dem Ur-Quell des Seins ins Bewußtsein tritt und daß eine Erleuchtung, eine fruchtbare Einsicht über einen kommen kann. Ganz unbemerkt fällt der Mensch in der Atemstille auch in den Schlaf.

Für jeden, der den Lichtweg geht, ganz gleich, ob und welche Meditationsform er auch praktiziert, ist es eine wertvolle geistige Übung, täglich morgens und abends oder auch öfter am Tage, für eine kurze Zeit die Aufmerksamkeit auf die Atemstille zu lenken. Das innere Bedürfnis wird die Zeitdauer bestimmen. Als Ungeübter sollte man die Zeit der Stille-Übung nicht zu lange ausdehnen.

Jeglicher Ehrgeiz auf dem geistigen Weg birgt eine Gefahr für die Entwicklung und für jegliches geistige Tun in sich. Viele sind durch solchen Ehrgeiz in eine Sackgasse geraten. Die geistige Entwicklung verlangt unbedingte Aufmerksamkeit, Selbstkontrolle und Ausgeglichenheit in allem Denken und Handeln.

Die Übung, die Atemstille in sich zu erfahren, ist eine gute Vorübung für eine zweite Übung von unschätzbarem Wert, die unsere Entwicklung beträchtlich fördern kann. Es ist die Übung der *Selbstbeobachtung*. Wann es möglich ist, sollte der Schüler seine Tagesarbeit ab und zu plötzlich unterbrechen, um festzustellen, was er in diesem Augenblick gerade tut, was er fühlt, sagt oder denkt. Diese Selbstbeobachtung muß natürlich in aller Ehrlichkeit sachlich und unparteiisch erfolgen. Die stummen Fragen kann er sich so oft stellen, wie er mag. Sie sollten aber kurz und plötzlich gestellt werden. Solch eine Fragestellung nach innen braucht nicht länger als zwei oder drei Minuten in Anspruch zu nehmen, wenn nicht sogar weniger.

Das ruhige, sanfte Atmen wird in Verbindung mit dieser Übung der Selbstbetrachtung und Selbsterforschung sehr wertvoll sein. Auf die Dauer wird diese Übung unsere selbstgefällige Haltung ändern, so daß die äußere Persönlichkeit mehr und mehr in den Hintergrund tritt. Wenn man es sich zur Gewohnheit macht, plötzlich seine Wünsche, Handlungen, Gedanken, Stimmungen und Gefühle zu beobachten, wird auf die Dauer automatisch verhindert, daß das Bewußtsein im unkontrollierten Spiel der fünf physischen Sinne versinkt.

Diese beiden Übungen: das Erleben der *Atemstille* und die *Selbstbeobachtung*, das tägliche In-sich-Gehen in Verbindung mit der ruhigen, harmonischen Atmung, ergänzen sich gegenseitig.

Eine Folge dieser Übungen wird sein, daß sich unsere Handlungen, unsere Haltung zu Dingen und Menschen allmählich ändern. Wir werden irgendwann die Eigenschaften, die durch unser göttliches Selbst in uns ruhen, zum Ausdruck bringen können.

Wenn wir uns des Segens bewußt wären, den der schweigende Botschafter in uns zu vergeben hat, wenn wir die Aufmerksamkeit auf die Atemstille und auf die

Selbstbeobachtung öfter am Tage in Ehrlichkeit richteten, würden wir immer häufiger den Drang fühlen, von dieser einfachen Übung Gebrauch zu machen.

Es gibt kaum einen Augenblick am Tag, der nicht Gelegenheit bietet, den Gedankenstrom anzuhalten, um in uns selbst hineinzuhorchen und zu fühlen.

Wer diese Übung mit Ausdauer fortsetzt, wird seinen Weg zur größeren inneren Freiheit finden. Die Seele ringt täglich um ihre Freiheit, wir aber halten sie in Gefangenschaft, indem wir immer wieder Mauern der Äußerlichkeit errichten in Gedanken, Worten und Handlungen.

Der Atem reagiert wie ein Seismograph auf alle Gedanken, Gemütsbewegungen, Empfindungen, Schrekken, Ängste und Tätigkeiten.

Es gibt nur einen Weg, der in die Harmonie und Freiheit führt: das persönliche Bemühen darum – über die Selbstbetrachtung, über die Selbsterkenntnis, wobei der Atem eine große Hilfe, sozusagen das Fahrzeug in die eigene Tiefe ist.

Solange wir in den Fesseln der Unbewußtheit leben und ein Spielball unserer Gedanken und Gefühle sind, so lange wird auch die Intuition jenseits unseres Bereiches bleiben, und wir können uns noch nicht auf unsere vermeintliche »innere Stimme« verlassen.

Wenn wir nicht die Ehrlichkeit haben, diese Gesetzmäßigkeit zu erkennen und zu akzeptieren, und unser Gesicht abwenden, wenn wir in den inneren Spiegel schauen, unterliegen wir weiterhin Irrtümern. Das ist ein Grund, warum viele Menschen von Unsicherheit und Ängsten geplagt sind und immer eine Antwort, eine Weisung oder Hilfe bei anderen suchen, um sich darauf zu stützen, weil sie in sich selbst noch nicht so gefestigt sind, eigene Entscheidungen zu treffen. Es mangelt ihnen an Intuition.

Der Weg der selbst-analysierenden Meditation – wenn sie in aller Ehrlichkeit geschieht – weckt eigene Intuitionen. Wer den Drang in sich fühlt, der sich in den Tiefen seines Wesens regt, und wer beginnt, diesem Drang nachzugehen, immer wieder das Bewußtsein nach innen zu lenken, um persönliche Ideen, Erinnerungen und Gefühle in dem unpersönlichen Strom des Lebens zu finden, der geheimnisvoll aus dem Innersten steigt – wer sich dieser höchsten Führung anvertraut, wird über die Schwelle der Selbsterkenntnis behutsam dorthin geführt werden, wo sein wirkliches, wahres Sein, sein unsterbliches Selbst, das *Ich bin*, auf ihn wartet.